# LEARN FRENCH FOR BEGINNERS

OVER 300 CONVERSATIONAL DIALOGUES AND DAILY USED PHRASES TO LEARN FRENCH IN NO TIME. GROW YOUR VOCABULARY WITH FRENCH SHORT STORIES & LANGUAGE LEARNING LESSONS!

## LANGUAGE MASTERY

**Copyright © 2022 by Language Mastery**

**- All rights reserved.**

No part of this book may be reproduced in any form or by any electronic or mechanical means, including information storage and retrieval systems, without written permission from the author, except for the use of brief quotations in a book review.

# CONTENTS

| | |
|---|---|
| Introduction | vii |
| 1. The Meeting<br>*Greetings* | 1 |
| 2. The Journey<br>*Colors & Directions* | 11 |
| 3. The Trek<br>*Weather* | 21 |
| 4. The Garage<br>*Days Of The Week & Parts Of The Day* | 31 |
| 5. The Hotel<br>*Months & Telling Time* | 41 |
| 6. The Farm<br>*Food & Meals* | 51 |
| 7. The Birthday Gift<br>*Emotions* | 61 |
| 8. The Final Choice<br>*Present Tense Verbs* | 71 |
| 9. Hide And Seek<br>*House And Furniture* | 81 |
| 10. The Search<br>*Question Words* | 95 |
| 11. The Weekend<br>*Likes & Dislikes* | 107 |
| 12. The Adventure<br>*Prepositions + To Be/To Have* | 119 |
| 13. The Weekend Trip<br>*Transition Words* | 129 |
| 14. The Fortune-Teller<br>*Personal Pronouns, Possessive Pronouns & Possessive Adjectives* | 141 |
| 15. The Hotel<br>*Common Everyday Objects* | 155 |

16. Saturday                         167
    *Numbers*
17. Back Home                        177
    *Relationship Words*

    Conclusion                       187
    Also by Language Mastery         191

# INTRODUCTION

Language is an irreplaceable part of human life. Just imagine for a moment that you wake up one morning and cannot speak your own language. How would your life be? How would you feel? Wouldn't life feel like a total mess? While knowing a language is essential, knowing more than one could be a competitive advantage for you. You will be able to communicate easily with more people and this can help you greatly in improving the quality of both your personal as well as professional life. What's more? Learning a new language is excellent for your brain. It is like a workout for the mind and can help you stay younger mentally.

Learning a new language isn't as hard as it seems. Learning can take place outside the classroom too. All you need is patience, lots of hard work, and regular practice. This book can be your guiding light and helping hand that you need on your language learning journey.

## CREATED FOR BEGINNERS

This book is geared toward beginners. You will learn a new language through the adventures of Jack and Rose, a young British boy and a Swiss girl. It is divided into 17 chapters. As you walk with them through their various life experiences, you will not only be thoroughly entertained but will also get to learn loads of commonly used phrases and words to enrich your vocabulary.

This book can provide you with a really fun learning experience and will immerse you into a new language in the most interesting way.

## THE BENEFITS OF LEARNING A NEW LANGUAGE

Learning a language is one of the most complete cognitive exercises: memory is activated while new neural connections are formed as we move from one language to another. Studying a foreign language increases language, reasoning, abstraction, and calculation skills. In addition to this, knowing more than one language opens up a whole new world to you: from being able to communicate with a larger audience, or opening your access to new job opportunities and relationships.

## HOW TO USE THIS BOOK

Each chapter is divided into five sections. The first section contains the story. This is followed by a brief summary of the story. Next, you will find a list of important words that you must remember to increase your fluency, efficiency, and flow with this new language. Following this will be a section containing five questions based on the story. The final section will have answers to these questions. Whether you are 15 or 55, learning a new language using this book is going to be extremely easy and interesting.

Start by reading the story. Don't pressure yourself too much and just try to understand and absorb as much as you can in your first read. It is normal to not be able to understand every word. You are learning a new language after all. Read the summary next to confirm your understanding of the story. Try to remember the words/phrases listed under the "words to remember" category. Finally, check your knowledge and understanding by trying to answer the questions at the end of every chapter. Check your solutions with the answer key provided to see how many questions you got right. Try to learn from your mistakes and move on to the next chapter. As you progress from one chapter to the next, you will see your grasp of the new language gradually improve.

## READ AND LISTEN

We highly recommend you buy the audio version of this book. If you choose to listen to the audiobook, you will hear a native English speaker narrating each story before or during reading. Reading along will help you become accustomed to their accent, which will be helpful when applying your new language skills in real-life situations.

Don't wait anymore. Put all your fears and apprehension away and set foot on this amazing language learning journey today!

# 1
## THE MEETING
### GREETINGS

Il est 16 heures et Jack attend à la gare de Florence pour prendre son train. La station est bondée de personnes de différentes tailles et de différents tons de peau; et Jack, qui ne connaît pas l'endroit, se sent confus et perdu. Il s'approche de Rose qui attend aussi son train et entame la conversation suivante :

« **Excusez-moi**, mademoiselle! Bonsoir! » Jack commence avec hésitation.

« **Salut** ! **Bonjour** ! Comment puis-je vous aider? » Rose répond en déposant son livre et en tournant son regard vers Jack.

« Je suis un touriste ici. Quand le train pour Berlin arrivera-t-il? »

« Um… dans 20 minutes », répond-elle en jetant un bref coup d'œil à sa montre.

« Très bien. Merci! » répond Jack, soulagé.

« **Mon plaisir** ! Tout va bien ? » demande Rose, préoccupée.

« Oui. Ça va, merci », dit Jack en souriant. « **Comment allez-vous ?** » poursuit-il.

« **Je vais bien**! **D'où venez-vous ?** »

« **Je viens du** Royaume-Uni. Et vous ? Êtes-vous une locale ? »

« Non », répond-elle. « Je ne suis pas d'ici. Je viens de Suisse. Je suis ici pour le travail. »

« Ah ! Pareil ici ! **Où habitez-vous** en Suisse ? »

« **Je vis** à Zurich. »

« Wow ! C'est magnifique ! Zurich est une belle ville ! »

« Oui, en effet ! Êtes-vous déjà allé en Suisse ? »

« Oui. Je suis allé à Berne pour une réunion l'année dernière. Je ne suis jamais allé à Zurich cependant », répond Jack.

« Vous devez visiter. Vous allez en profiter. »

« Oui. Absolument ! C'est mon rêve de voyager en Suisse », dit Jack. « Mon voyage à Berne a été très court, juste une journée. J'espère planifier un voyage plus long cette fois-ci. Êtes-vous déjà allé au Royaume-Uni ? »

« Non ! Jamais ! Mais j'aime la famille royale de Grande-Bretagne. Je veux visiter le palais de Buckingham un jour », répond Rose avec enthousiasme.

« C'est bon à savoir. C'est la plus célèbre attraction touristique de Grande-Bretagne. »

« Oui ! C'est un beau palais ! Je pense que c'est l'une des attractions touristiques les plus célèbres du monde entier. Quel est le meilleur moment pour visiter ? »

« Vous pouvez venir n'importe quand. Mais si vous aimez voir l'intérieur du palais, il est ouvert aux touristes de juillet à septembre. »

« Seulement trois mois par année ? », demande Rose.

« Oui, parce que c'est le moment où la reine va visiter son château de vacances en Écosse. Ils ne peuvent pas permettre aux touristes de se déplacer lorsque la reine est là. »

« Oh, oui ! Je comprends. Vivez-vous à Londres ? »

« Non. J'habite à Bradford. C'est une ville au nord du pays », explique Jack.

« Bradford ! Je connais. Deux de mes collègues sont de là-bas et ils m'ont beaucoup parlé de cet endroit. »

« Vraiment ? C'est bon à entendre. **Où travaillez-vous ?** » demande Jack.

« **Je travaille dans** une galerie d'art ici à Florence. Et vous ? »

« Je suis écrivain. Je travaille dans une maison d'édition à Bradford. Je suis ici pour rencontrer certains de nos clients à Berlin, à Paris et ici à Florence. »

« D'accord. Combien de temps allez-vous rester à Berlin ? »

« Deux jours. Allez-vous aussi à Berlin ? »

« Oh oui ! Nous y avons une exposition d'art », dit Rose.

« Votre entreprise accueille-t-elle l'exposition ? »

« Oui. Nous aurons nos expositions, et des artistes locaux d'Allemagne y participeront également. Les peintures portent sur les effets du **réchauffement climatique**. Il s'agit d'une exposition de trois jours. Vous pouvez venir y jeter un coup d'oeil si vous en avez le temps. Aimez-vous l'art ? »

« Eh bien, pas beaucoup. Mais je vais essayer de visiter. **Bonne chance** avec votre exposition. »

« **Merci**. L'exposition aura lieu au Ritz Carlton à Berlin. Elle commencera demain et durera trois jours. Vous pouvez vous y rendre en tout temps entre 9 heures et 17 heures. Vous pouvez facilement vous y rendre en train ou en bus. Ici, prenez la carte de mon entreprise. N'hésitez pas à m'appeler si vous avez besoin d'aide. »

« C'est très gentil de votre part. Merci beaucoup. Quel est votre nom ? »

« Oh! j'ai oublié de le mentionner. Je m'appelle Rose Kessler. **Comment tu t'appelles?** »

« **Je m'appelle** Jack Butler. C'était un plaisir de vous parler. »

« Ravie de vous rencontrer, Jack. Voici notre train », remarque Rose qui pointe le train qui ralentit à l'approche du quai.

« Oh oui! Veuillez m'excuser un instant. Je vous verrai à bord, **à bientôt** !», dit Jack avant de se précipiter pour aller chercher son sac.

« **Au revoir** Jack ! **Prenez soin de vous**. »

« Vous aussi, **bonne journée** », répond Jack, et les deux vont chacun de leur côté.

―――――

## SUMMARY

Jack et Rose sont deux étrangers qui se rencontrent à la gare de Florence en attendant leur train. Jack s'approche de Rose pour s'informer de l'heure d'arrivée de son train et ils commencent à parler. Une conversation mène à une autre et ils finissent par discuter de leur ville natale, de leur travail et de leurs projets d'avenir.

―――――

## WORDS TO REMEMBER

-
    1. **Salut** - Hello
    2. **Excuse-moi** - Excuse me
    3. **Bonjour** - Good morning
    4. **Bonne journée** - Good day

5. **Comment vas-tu/Comment allez-vous ?** - How are you?
6. **Je vais bien** - I'm fine
7. **Merci** - Thank you
8. **Mon plaisir** - My pleasure
9. **Comment tu t'appelles?** - What's your name?
10. **Je m'appelle ...** - My name is…
11. **D'où viens-tu/D'où venez-vous?** - Where you are from?
12. **Je viens de** - I'm from
13. **Où habite tu/Où habitez-vous?** - Where do you live?
14. **J'habite à/Je vis à ...** - I live in…
15. **Où travaillez vous** - Where do you work
16. **Je travaille à ...** - I work at
17. **Bonne chance** - Good luck
18. **À bientôt** - See you
19. **Au revoir** - Bye
20. **Prends soin de toi/Prenez soin de vous** - Take care

---

QUESTIONS

**1. À quelle heure arrive le train pour Berlin?**

- a. 16 h
- b. 16 h 20
- c. 15 h 40
- d. 15 h

## 2. Quand et où l'exposition aura-t-elle lieu?

- a. De 9 h à 18 h au Ritz-Carlton Florence
- b. De 9 h à 17 h au Ritz-Carlton Florence
- c. De 9 h à 17 h au Ritz-Carlton Berlin
- d. De 9 h à 18 h au Ritz-Carlton Berlin

## 3. Quelle ville Jack aime-t-il et quel est son rêve de voyage?

- a. Il aime Bradford et rêve de voyager en Suisse
- b. Il aime Zurich et rêve de voyager en Suisse
- c. Il aime Londres et rêve de voyager en Italie
- d. Il aime Florence et rêve de voyager au Royaume-Uni

## 4. Où sont Jack et Rose et où vont-ils?

- a. Ils sont à la gare de Florence et vont à Paris
- b. Ils sont à la gare de Zurich et vont à Florence
- c. Ils sont à la gare de Florence et vont à Berlin
- d. Ils sont à la gare de Berlin et vont à Florence

## 5. Pendant combien de jours Jack va-t-il rester à Berlin?

- a. Deux jours
- b. Trois jours

- c. Quatre jours
- d. Cinq jours

---

## ANSWERS

1. **b.** 16 h 20
2. **c.** De 9 h à 17 h au Ritz-Carlton Berlin
3. **b.** Il aime Zurich et rêve de voyager en Suisse
4. **c.** Ils sont à la gare de Florence et vont à Berlin
5. **a.** Deux jours

---

## ENGLISH TRANSLATION

It's 4 p.m. and Jack is waiting at the Florence railway station to catch his train. The station is crowded with people of different sizes and skin tones; and Jack, who is unfamiliar with the place, feels confused and lost. He walks up to Rose who is waiting for her train too and starts the following conversation:

"Excuse me, Miss! Good evening!" Jack begins hesitantly.

"Hello! Good day! How can I help you?" Rose replies putting her book down and shifting her gaze towards Jack.

"I'm a tourist here. When is the train to Berlin likely to arrive?"

"Um… at 20 minutes past 4, 20 minutes from now," she replies, taking a brief glance at her watch.

"All right. Thank you!" Jack replies relieved.

"My pleasure! All good?" Rose asks, concerned.

"Yes. I'm fine, thank you," says Jack with a smile. "How are you?" he continues.

"I'm fine! Where are you from?"

"I'm from the United Kingdom. What about you? Are you a local?"

"No," she replies. "I'm not a local. I'm from Switzerland. I'm here for work."

"Ah! Same here! Where do you live in Switzerland?"

"I live in Zurich."

"Wow! That's lovely! Zurich is a beautiful city!"

"Yes indeed! Have you ever been to Switzerland?"

"Yes. I visited Bern for a meeting last year. I have never been to Zurich, though," answers Jack.

"You must visit. You will enjoy it."

"Yes. Absolutely! It is my dream to travel around Switzerland," says Jack. "My trip to Bern was very short, just one day. I hope to plan a longer trip this time. Have you ever been to the UK?"

"No! Never! But I love the royal family of Great Britain. I want to visit Buckingham Palace someday," Rose replies excitedly.

"That's good to know. That is the most famous tourist attraction in Britain."

"Yes! It is a beautiful palace! I think it is one of the most famous tourist attractions in the whole world. When is the best time to visit?"

"You can come any time. But if you like to see the inside of the palace, it is open to tourists from July to September."

"Only three months a year?" enquires Rose.

"Yes, because that's the time when the Queen goes to visit her holiday castle in Scotland. They cannot allow tourists around when the Queen is there."

"Oh, yes! I understand. Do you live in London?"

"No. I live in Bradford. It is a city in the north of the country," explains Jack.

"Bradford! I know about it. Two of my colleagues are from there and I have heard a lot about this place from them."

"Really? That's nice to hear. Where do you work?" Jack asks.

"I work at an art gallery here in Florence. And you?"

"I'm a writer. I work in a publishing house in Bradford. I'm here to meet some of our clients in Berlin, Paris, and here in Florence."

"Ok. How long are you going to be in Berlin?"

"Two days. Are you also going to Berlin?"

"Oh yes! We have an art exhibition there," says Rose.

"Is your company hosting the exhibition?"

"Yes. We will have our exhibits, and local artists from Germany will also be participating. The paintings are about the effects of global warming. It is a three-day exhibition. You can come and take a look if you have the time. Do you like art?"

"Well, not much. But I will try to visit. Good luck with your exhibition."

"Thank you. The exhibition is going to be held at The Ritz Carlton in Berlin. It will start tomorrow and go on for three days. You can drop in at any time between 9 a.m. and 5 p.m. You can easily get there by train or bus. Here, take my company's card. Don't hesitate to call me if you need any help."

"That's very kind of you. Thank you so much. What's your name?"

"Oh! I forgot to mention. My name is Rose Kessler. What's your name?"

"I'm Jack Butler. It was a pleasure talking to you."

"Nice to meet you, Jack. Here comes our train," Rose

remarks pointing at the train slowing down as it approaches the platform.

"Oh yes! Please excuse me for a moment. I'll see you on board," Jack says and rushes to fetch his bag.

"Bye Jack! Take care."

"You too," Jack replies and the two of them go their separate ways.

# 2
# THE JOURNEY
## COLORS & DIRECTIONS

Le train pour Berlin passe à toute vitesse devant les prairies et les forêts de la campagne italienne. Les deux nouveaux amis Jack et Rose sont à leur place; Jack lit un livre et Rose dort. Le reste des passagers sont occupés à faire leurs propres choses et tout est paisible. Une voix soudaine et forte venant des haut-parleurs du train surprend les voyageurs.

« Attention, mesdames et messieurs ! C'est une urgence ! Veuillez débarquer immédiatement en utilisant la sortie la plus **proche de** chez vous. Merci ! » dit la voix.

Le même message est répété encore et encore et le train s'arrête brusquement. Les portes s'ouvrent et tous les passagers s'enfuient. Il n'y a pas de station ici. Rose arrive en courant vers Jack et dit:

« Hé, Jack ! Que se passe-t-il ici ? »

« Aucune idée. Demandons à cet homme en uniforme **rouge** », dit Jack.

Rose est d'accord et ils marchent vers l'homme. Il a un sifflet **jaune** dans sa main et regarde activement dans un dossier **vert** à travers ses lunettes de lecture.

« Excusez-moi, monsieur. Quel est le problème ? » demande Jack.

« Il y a une grève des chemins de fer. Les services ferroviaires sont suspendus », dit-il en ajustant son chapeau **noir**.

« Grève du rail ! Sans préavis ? » dit Jack, alarmé.

« Oui. C'est une grève spontanée. »

« Oh, mon Dieu ! Que faisons-nous maintenant ? » dit Rose.

« Vous devrez prendre un bus ou un taxi. Vous pouvez également vous rendre à l'aéroport », dit l'homme en vérifiant l'heure sur sa montre de sport **blanche**.

« Il est très tard dans la nuit ! Ce ne sera pas une bonne idée de voyager à ce moment-là », dit Jack.

« Oui. Il a raison. Y a-t-il un hôtel à proximité ? » demande Rose.

« Laissez-moi vérifier pour vous. » Dit l'homme pendant qu'il sort une carte de son sac **bleu**. « Oui, il y a un hôtel pas très **loin** d'ici. »

« C'est formidable ! Comment pouvons-nous y arriver ? » demande Jack.

« Vous devrez marcher. Cela prendra environ 30 minutes », dit l'homme en regardant la carte.

« C'est assez gênant, mais je pense que nous n'avons pas le choix », dit Rose en regardant Jack.

« Oui. Pouvez-vous nous montrer le chemin, s'il vous plaît ? » dit Jack.

« Bien sûr ! Continuez tout droit sur cette route pendant une dizaine de minutes. Vous verrez une maison violette au bout de cette route **à côté de** l'église. Tournez à **gauche**, ne tourne pas à **droite** et continuez à marcher tout droit jusqu'à ce que vous voyez un petit magasin avec une porte **marron** en **bas**. Le commerçant de ce magasin habite **de l'autre côté** de la rue et il pourra vous aider à partir de là. »

« Merci beaucoup, monsieur », dit Jack. Rose remercie l'homme également.

Quand ils se tournent pour partir, ils voient un groupe de douze jeunes enfants debout **derrière** eux avec leur professeure. Les filles sont habillées en jupes **violettes** et chemises **roses** et les garçons en chemises **oranges** et shorts violets.

« Bonjour, jeune homme ! Je m'appelle Elizabeth et voici mes élèves de maternelle. Nous sommes en voyage », dit l'enseignante à Jack.

« Bonjour, madame ! » dit Jack.

« Nous aussi, nous devons aller à l'hôtel pour passer la nuit, mais ces enfants sont jeunes. Ils sont à peine capables de rester éveillés. Ils ne pourront pas marcher pendant 30 minutes. Pouvez-vous m'aider à trouver un moyen de transport pour eux ? » demande l'enseignant.

« Il est très tard maintenant et nous sommes dans un coin éloigné du pays, alors je doute que nous puissions avoir un taxi », dit Jack.

« Je comprends, mais que dois-je faire avec les enfants ? »

« Demandons à l'homme en uniforme s'il y a un véhicule que nous pouvons louer pour déposer les enfants à l'hôtel. »

Jack demande à l'homme et il répond : « Je n'ai pas de véhicule. Désolé. »

« S'il vous plaît, aidez-nous, monsieur. Ces enfants sont très jeunes. Où iront-ils à cette heure de la nuit ? » dit Jack.

« Il y a une grande maison en haut de la colline. Un avocat et sa femme y vivent. Ils ont une voiture. Vous pouvez leur demander s'ils sont prêts à vous aider », dit l'homme.

« D'accord, monsieur. Merci beaucoup de votre aide », dit Jack.

« Ça me fait plaisir », dit l'homme.

« Devons-nous monter les escaliers, en **haut**, **devant le** chêne pour atteindre la maison ? » demande Jack.

« Oui ! Frappez à la porte sur le côté de la maison. Ils n'utilisent pas la porte d'entrée », dit l'homme.

« Mais la voiture sera-t-elle suffisante pour transporter douze enfants? » demande Rose.

« Non. » dit l'homme. « C'est un sept places. Vous devrez faire deux voyages », dit l'homme.

« Ce n'est pas un problème. Merci encore une fois », dit Jack.

« Mais qu'en est-il de ce train? Quand la grève prendra-t-elle fin ? » demande Rose.

« Je ne peux pas le dire parce qu'il s'agit d'une grève spontanée. Cela peut prendre deux jours ou deux semaines. » dit l'homme en haussant les épaules.

« C'est long ! J'ai un événement demain ! » dit Rose.

« Oui, c'est la même chose pour moi. Je pense que le vol est la seule option », dit Jack.

« Oui », dit Rose.

« Allons d'abord à l'hôtel », dit Jack.

Rose, Jack, la professeure et les enfants commencent à marcher vers la maison de l'avocat.

---

## SUMMARY

Jack et Rose sont en route pour Berlin. Le train s'arrête soudainement à mi-chemin à cause d'une grève du rail et les passagers sont priés de débarquer immédiatement. Rose et Jack essaient alors de comprendre comment se rendre à

Berlin. Ils décident d'aller à l'hôtel pour la nuit et de voyager le lendemain matin. Une enseignante et ses douze élèves de maternelle demandent à Jack de les aider à se rendre à l'hôtel. Tous décident d'emprunter une voiture à un avocat vivant à proximité pour se rendre à l'hôtel.

---

## WORDS TO REMEMBER

1. **Rouge** - Red
2. **Jaune** - Yellow
3. **Vert** - Green
4. **Noir** - Black
5. **Blanche** - White
6. **Rose** - Pink
7. **Violet** - Purple
8. **Orange** - Orange
9. **Marron** - Brown
10. **Bleu** - Blue
11. **Droit** - Right
12. **Gauche** - Left
13. **Haut** - Up
14. **Bas** - Down
15. **Derrière** - Behind
16. **Devant le** - In front of
17. **De l'autre côté** – Across
18. **À côté de** – Next to
19. **Proche de** - Next to
20. **Loin** - Far

---

## QUESTIONS

**1. Que faisait Jack dans le train avant l'annonce?**

- a. Il lisait un livre
- b. Il dormait
- c. Il mangeait
- d. il écoutait de la musique

**2. Pourquoi le train s'est-il arrêté soudainement?**

- a. À cause d'une attaque terroriste
- b. En raison d'un problème technique
- c. À cause d'une grève du rail
- d. À cause d'une tempête de neige

**3. Quelle est la chose jaune que l'homme en uniforme a dans la main?**

- a. Un sac
- b. Un dossier
- c. Un stylo
- d. Un sifflet

**4. Qu'est-ce que décident de faire Jack et Rose pour la nuit?**

- a. Dormir dans le train

- b. Dormir chez l'avocat
- c. Prendre un hôtel
- d. Marcher vers Berlin

## 5. Combien d'enfants sont dans le groupe de la professeure de maternelle?

- a. Six
- b. Douze
- c. Quinze
- d. Dix

ANSWERS

1. **a.** Il lisait un livre
2. **c.** À cause d'une grève du rail
3. **d.** Sifflet
4. **c.** Prendre un hôtel
5. **b.** Douze

ENGLISH TRANSLATION

The train to Berlin is speeding along past the meadows and woodlands of the Italian countryside. The two new friends Jack and Rose are in their respective seats; Jack is reading a book and Rose is asleep. The rest of the passengers are busy doing their own thing and all is peaceful. A sudden loud voice from the train speakers startles the travellers.

"Attention ladies and gentlemen! This is an emergency! Please disembark immediately using the exit nearest to you. Thank you!" says the voice.

The same message is repeated over and over again, and the train comes to an abrupt halt. The doors open, and all the passengers rush out. There is no station here. Rose comes running towards Jack and says:

"Hey, Jack! What's happening here?

"No idea. Let's ask that man in the red uniform," says Jack.

Rose agrees and they walk up to the man. He has a yellow whistle in his hand and is busily looking into a green file through his reading glasses.

"Excuse me, sir. What is the problem here?" Jack asks.

"There is a rail strike. Train services are suspended," the man says adjusting his black hat

"Rail strike! Without prior notice?" Jack says, alarmed.

"Yes. It's a spontaneous strike."

"Oh, my god! What do we do now?" Rose says.

"You will have to take a bus or a cab. You can also go to the airport," the man says checking the time on his white sports watch.

"It's quite late at night! It will not be a good idea to travel at this time," says Jack.

"Yes. He is correct. Is there a hotel nearby?" Rose asks.

"Let me check for you." the man says and takes out a map from his blue bag. "Yes, there is one hotel not too far from here."

"That's great! How can we get there?" Jack asks.

"You will have to walk. It will take about 30 minutes," the man says while looking at the map.

"That's pretty inconvenient, but I think we don't have a choice," Rose says, looking at Jack.

"Yes. Can you please show us the way?" says Jack.

"Sure! Walk straight down that road for about ten minutes. You will see a purple house, turn to right, at the end of that road next to the church. Turn left there, not to right. Continue walking straight until you see a little store with a brown door down there. The shopkeeper of this shop lives across the street and he will be able to help you from then on."

"Thank you very much, sir," Jack says. Rose also thanks the man.

When they turn to leave, they see a group of twelve young children standing behind them along with their teacher. The girls are dressed in purple skirts and pink shirts and the boys in orange shirts and purple shorts.

"Hello, young man! My name is Elizabeth and these are my kindergarten students. We are on a trip," says the teacher to Jack.

"Hello, madam!" Jack says.

"We too need to go to the hotel to spend the night but these children are young. They are barely able to stay awake. They will not be able to walk for 30 minutes. Can you help me find a way for them?" the teacher asks.

"Uhm. It's quite late now and we are in some remote corner of the country, so I doubt we will be able to get a cab," says Jack.

"I understand, but what do I do with the children?"

"Let's ask the man in the uniform if there is any vehicle we can rent to drop the children off at the hotel."

Jack asks the man and he replies, "I do not have any vehicle. Sorry."

"Please help us, sir. These children are very young. Where will they go at this hour in the night?" Jack says.

"There is a large house up the hill. A lawyer and his wife live there. They have a car. You can ask them if they are willing to help," says the man.

"Okay, sir. Thanks a lot for your help," Jack says.

"My pleasure," the man says.

"Do we need to go up the stairs in front of the oak tree to reach the house?" Jack asks.

"Yes! Knock on the side door of the house. They do not use the front door," says the man.

"But will the car be enough to carry 12 children?" asks Rose.

"No." says the man. "It is a seven-seater. You will have to do two trips," says the man.

"Not a problem. Thank you once again," says Jack.

"But what about this train? When will the strike end?" asks Rose.

"I can't tell because this is a spontaneous strike. It can be two days or two weeks." shrugs the man.

"That's a long time! I have an event tomorrow!" Rose says.

"Yes, same for me. I think flying is the only option," Jack says.

"Yes," says Rose.

"Let's get to the hotel first," Jack says.

Rose, Jack, the teacher, and the children begin walking towards the lawyer's house.

# 3
# THE TREK
## WEATHER

La nuit est sombre, des étoiles brillent dans le **ciel** et le groupe marche vers la maison de l'avocat. Tout est calme autour d'eux. Jack ouvre la voie, les deux femmes et les douze enfants le suivent. Ils descendent un chemin droit pendant environ cinq minutes. Jack est concentré sur la route, les deux dames sont occupées à bavarder et les enfants marchent, somnolant, autour d'eux.

« Le temps est exceptionnellement très froid aujourd'hui, n'est-ce pas ? » commence Jack.

« Exactement. On est presque en mars, mais on se croirait en janvier », répond Rose.

« Les enfants doivent avoir froid ! » répond l'enseignante.

« Vous voyez la maison blanche là-haut ? C'est là que nous devons aller », dit Jack.

Rose et la professeure hochent la tête.

« Le réchauffement de la planète est à l'origine de **changements climatiques** extrêmes partout. L'**été** dernier a aussi été très chaud », dit Rose.

« Les étés ne sont pas si chauds au Royaume-Uni. L'Italie est plus chaude », dit Jack.

« Oh, oui ! Mais l'été est ma saison préférée ! J'adore les couleurs, les fruits, le plein air, les sports et tout le reste. Ma famille et moi passons l'été chez nous à la campagne. C'est très amusant », dit Rose.

« J'aime aussi l'été. Mes amis et moi allons pêcher, faire du surf et pratiquer beaucoup d'autres sports. L'été dernier, nous avons aussi assisté au festival de musique d'été. Le meilleur de l'été, ce sont les différentes tartinades que ma grand-mère nous prépare », dit Jack.

« D'où venez-vous, madame ? » demande Jack.

« Je viens d'Espagne. Je ne suis pas aussi jeune que vous deux. Les étés sont trop **ensoleillés** et **humides** pour moi et les **hivers** sont trop **froids**. Je préfère donc le **printemps** et l'**automne** », répond l'enseignante.

« J'aime aussi l'hiver en raison de la période des Fêtes. Nous restons au **chaud** à la maison et jouons à des jeux autour de la cheminée. Les enfants aiment jouer dans la **neige** », dit Rose.

« Chaque saison est bonne à sa manière si nous pouvons nous adapter au temps. La création de Dieu est belle. J'aime la nature en général », dit l'enseignante.

« J'aime la plupart des saisons, mais je déteste la **pluie** et le temps sombre. Ces **nuages** noirs et l'absence de **soleil** toute la journée sont si déprimants », dit Jack.

« J'ai l'impression qu'une **tempête** approche. Le **temps** est devenu tellement imprévisible ces jours-ci. J'espère que nous atteindrons Berlin en toute sécurité et à temps. Mon patron pourrait me virer autrement », dit Rose.

« Le terrain est un peu inégal devant nous. Soyez prudents, vous tous. J'espère que nous atteindrons Berlin rapidement. Je dois terminer mes réunions et retourner bientôt au Royaume-Uni », dit Jack.

« Je souhaite la même chose », dit l'enseignante. « Je

suis la seule responsable qui doit prendre soin de tous ces enfants. J'espère pouvoir les ramener à la maison en toute sécurité. Leurs parents doivent être inquiets. Le réseau de téléphonie mobile n'est pas assez solide ici, alors je n'ai pu en informer aucun d'entre eux », poursuit-elle.

« Vous pouvez essayer d'utiliser le téléphone fixe chez l'avocat pour le dire aux parents. Je suis certain qu'il aura la gentillesse d'aider », dit Jack.

« Oui ! Bonne idée ! Merci, Jack », dit l'enseignante avec plaisir.

Tout à coup, un tonnerre retentit, la foudre frappe le ciel et il commence à pleuvoir. De forts vents frais commencent à souffler.

« Il y a tellement de **vent** ! Je **gèle** ! Dépêchons-nous ! » dit Rose.

Les gouttes de pluie sont glacées et les enfants commencent à frissonner. Ils n'ont ni veste, ni **parapluie**, ni imperméable, ni brise-vent. Les enfants se couvrent la tête avec leurs sacs de couleur de printemps. Tous se précipitent sur la colline en direction de la maison de l'avocat. La **température** baisse encore et la pluie verglaçante se transforme en neige. Tout le monde est trempé lorsqu'ils arrivent à la maison.

« Oh, non ! La maison est verrouillée ! » dit Jack.

« Quoi ? Quelle terrible façon de terminer cette journée ! Où allons-nous pour nous abriter maintenant ? » dit Rose en se dirigeant vers un petit arbre sur le bord de la route.

Personne n'a de réponse. Tout ce qu'ils voient autour d'eux, ce sont de vastes étendues de prairies et de fermes. Ils s'inquiètent tous pour les enfants. La neige tombe et les enfants commencent à pleurer.

---

## SUMMARY

Jack, Rose, la professeure et les douze enfants marchent vers la maison de l'avocat pour emprunter sa voiture afin de se rendre à l'hôtel. La route est sombre et calme et le temps est très froid. Jack et Rose discutent de l'impact du réchauffement climatique sur le climat dans le monde entier. L'enseignante participe également à la conversation et ils discutent ensuite de chacune de leur saison préférée. Ils parlent aussi des raisons pour lesquelles ils veulent atteindre Berlin rapidement. Le temps change soudainement et il commence à pleuvoir lourdement. Tous se précipitent rapidement sur la colline pour se réfugier dans la maison de l'avocat. Ils atteignent la maison et voient que la porte est verrouillée. Ils ne savent pas quoi faire et où aller ensuite.

---

## WORDS TO REMEMBER

-
1. **Ciel** - Sky
2. **Été** - Summer
3. **Hiver** - Winter
4. **Printemps** - Spring
5. **Automne** - Autumn
6. **Des nuages** - Clouds
7. **Pluie** - Rain
8. **Neige** - Snow
9. **Chaud** - Hot
10. **Du froid** - Cold
11. **Humide** - Humid
12. **Gelé** - Freezing

**13. Température** - Temperature
**14. Temps** - Weather
**15. Parapluie** - Umbrella
**16. Changement climatique** - Climate change
**17. Soleil** - Sun
**18. Le réchauffement climatique** - Global warming
**19. Tempête** - Storm
**20. Venteux/de vent** - Windy
**21. Ensoleillé** - Sunny

---

QUESTIONS

**1. Comment est le temps quand ils commencent à marcher vers la maison de l'avocat?**

- a. Chaud
- b. Humide
- c. Ensoleillé
- d. Froid

**2. Où Rose passe-t-elle son été?**

- a. Dans son pays d'origine
- b. Chez sa grand-mère
- c. Chez son amie
- d. À la plage

## 3. Quelle saison Jack déteste-t-il?

- a. Été
- b. Hiver
- c. Printemps
- d. Automne

## 4. De quel pays vient l'enseignante?

- a. Espagne
- b. Allemagne
- c. Italie
- d. Royaume-Uni

## 5. Que font les enfants pour protéger leur tête contre la pluie?

- a. Parapluies
- b. Leurs mains
- c. Leurs sacs
- d. Imperméables

---

ANSWERS

1. **d.** Froid
2. **a.** Dans son pays d'origine
3. **a.** Hiver

4. **a.** Espagne
5. **c.** Leurs sacs

---

ENGLISH TRANSLATION

The night is dark, bright stars are shining in the sky and the group is walking towards the lawyer's house. Everything is quiet around them. Jack leads the way, and the two women and twelve children follow him. They walk down a straight road for about five minutes. Jack is focused on the road, the two ladies are busy chatting, and the children are sleepily walking around them.

"The weather is unusually very cold today, isn't it?" begins Jack.

"Exactly. It is almost March, but it feels like January," Rose replies.

"The children must be cold!" the teacher replies.

"You see the white house up there? That's where we have to go," Jack says.

Rose and the teacher nod.

"Global warming is causing extreme climate change everywhere. Summer too was quite hot last year," says Rose.

"Summers don't get so hot in the UK. Italy is hotter," says Jack.

"Oh, yes! But summer is my favorite season! I love the colors, the fruits, the outdoors, the sports and everything. My family and I spend the summer at our country home. It's a lot of fun," says Rose.

"I like summer too. My friends and I go fishing, surfing, and also play a lot of other sports. Last summer, we also attended the summer music festival. The best part about summer has to be the different spreads that my grandmother prepares for us," Jack says.

"Where are you from, madam?" Jack asks.

"I'm from Spain. I am not as young as you both. Summers are too sunny and humid for me and winters are too cold. So, I prefer spring and autumn," the teacher answers.

"I also enjoy winter because of the Christmas season. We stay warm at home and play games around the fireplace. Kids enjoy playing with the snow," says Rose.

"Every season is good in its own way if we can adapt ourselves to the weather. God's creation is beautiful. I love nature in general," says the teacher.

"I like most seasons, but I hate rain and gloomy weather. Those black clouds and no sun all day are so depressing," Jack says.

"It feels like a storm is approaching. The weather has become so unpredictable these days. I hope we reach Berlin safely and on time. My boss might fire me otherwise," Rose says.

"The terrain is a little uneven ahead. Please be careful, all of you. I hope we reach Berlin fast. I need to finish my meetings and go back to the UK soon," Jack says.

"I wish the same." says the teacher. "I'm solely responsible to take care of all these children. I hope I can take them back home safely. Their parents must be worried. The mobile phone network isn't strong enough here, so I haven't been able to inform any of them about this sudden occurrence," she continues.

"You can try using the landline at the lawyer's house to let the parents know. I'm sure he'll be kind enough to help," Jack says.

"Yes! Good idea! Thank you for that, Jack," says the teacher happily.

All of a sudden, a loud thunder is heard, lightning strikes in the sky and it starts raining. Strong cool winds begin to blow.

"It's so windy! I'm freezing! Let's hurry up!" Rose says.

The raindrops are icy cold, and the children start shivering. They have no jackets, no umbrellas, no raincoats, and no windbreakers. The children cover their heads with their spring color bags. All of them rush up the hill in the direction of the lawyer's house. The temperature falls further and freezing rain turns into snow. Everyone is wet by the time they reach the house.

"Oh, no! The house is locked!" says Jack.

"What?! What a terrible way to end this day! Where do we go for shelter now?" Rose says moving towards a small tree on the side of the road.

Nobody has answers. All they can see around them are vast stretches of open grasslands and farms. They are all worried about the children. The snow falls down and the children begin to cry.

# 4
## THE GARAGE
### DAYS OF THE WEEK & PARTS OF THE DAY

Quinze minutes plus tard, la neige ralentit. Tous les enfants et les trois adultes attendent dans le garage près de la maison de l'avocat. Il n'y a pas de voitures dans le garage. Il fait chaud à l'intérieur et le groupe y est confortable. L'enseignante et ses élèves dorment sur deux bancs dans un coin. Jack et Rose sont réveillés. Il n'y a qu'un seul petit tabouret dans le garage et Rose est assise dessus. Jack se tient de l'autre côté, appuyé contre le mur.

« Est-ce le garage de l'avocat ? » demande Rose.

« Ça devrait l'être, mais je pense qu'il ne l'utilise pas pour ses voitures », répond Jack.

« Oui. Je pense qu'il l'utilise pour son travail. »

« Cela ne ressemble pas à un bon bureau », dit Jack.

« Je ne comprends pas cette phrase sur le mur derrière vous. Je me demande pourquoi ils l'ont mise ici. »

Jack se retourne pour regarder la phrase sur le mur. Il y a un très grand cadre en bois sur le mur, et sur lui sont collés sept morceaux de papier coupés dans différentes formes. Deux d'entre eux sont carrés, deux sont ronds, un est en forme de diamant, un est en forme de fleur et le dernier est en forme d'étoile. « My Third Wife Talks French So Sweetly » sont les sept mots écrits sur les sept feuilles de papier. Jack regarde le cadre et lit la phrase à haute voix.

« C'est assez étrange », ajoute-t-il.

« Exactement! Cela ne ressemble pas du tout à un bureau d'avocat », dit Rose.

« Si ce garage appartient vraiment à l'avocat, il doit y avoir un sens à cette phrase. »

« Oui, Jack. Vous avez raison ! Mais que peut signifier cette phrase ? »

« Hum… C'est peut-être un code secret ? »

« Ça veut dire quoi ? »

« Non. Regardez bien la phrase. La première lettre de chaque mot est en majuscule. »

« Oh, oui ! Alors, peut-être que les mots se réfèrent à sept choses », dit Rose.

« Quelles choses ? » dit Jack.

« Les sept couleurs de l'arc-en-ciel ? » dit Rose.

« La première couleur de l'arc-en-ciel est le violet, mais il n'y a pas de « V » ici. »

« Ah ! d'accord ! Qu'est-ce que ça pourrait être d'autre ? »

« Il y a quelque chose écrit sous chaque mot. Pouvez-vous voir ce que c'est, Rose ? »

« Oui. Ce sont des chiffres. »

« J'ai compris ! Ce sont des codes pour les sept jours de la semaine », dit Jack.

« Comment ? »

« Ma troisième épouse représente les trois premiers jours de la semaine », dit Jack.

« Vous voulez dire « Ma » pour **lundi**, « Troisième » pour **mardi** et « Épouse » pour **mercredi**? »

« Absolument ! Les deux mots suivants signifient jeudi et vendredi. »

« Discussions » pour **jeudi** et « français » pour **vendredi** », dit Rose.

« Ce sont donc les cinq premiers **jours de la semaine**. Je suis sûr que vous connaissez les deux derniers. »

« Oui ! « Alors » pour **samedi** et « Doucement » pour **dimanche**. »

« Parfait ! »

« Tu es un génie, Jack ! »

« Ce n'est pas tout. Regardez », dit Jack.

« Quoi ? »

« L'horloge sur ce mur. **Hier** est parti et c'est un nouveau jour. Nous devons être à Berlin aujourd'hui et nous sommes toujours dans un garage inconnu dans ce coin reculé de l'Italie. »

« Est-ce déjà le **matin** ? Le temps vient de passer. »

« Ce sera bientôt l'**après-midi** et ensuite le **soir**. Je dois rencontrer mon client **ce soir**. Dieu sait ce qui va se passer. »

« Oh oui ! Et mon exposition commence aussi **aujourd'hui**. Il y a tellement de préparation que je dois faire avant que cela n'arrive. Cette neige ne semble pas s'arrêter de sitôt. Comment allons-nous voyager ? » dit Rose.

« Je pense que nous devrions quitter cet endroit le plus tôt possible. L'avocat et sa femme ne sont pas en ville, je suppose. Combien de temps allons-nous attendre ici ? »

« Dès que la neige s'arrête, nous pouvons marcher jusqu'à l'hôtel et trouver un moyen de nous rendre à Berlin. Mais qu'en est-il de ces enfants ? La raison pour laquelle nous sommes venus ici, c'est seulement parce qu'ils ne pouvaient pas parcourir une si longue distance à pied », dit Rose.

« Vous avez raison, Rose, mais je vais perdre mon emploi ! Si ça ne vous dérange pas de rester ici avec ces gens, je peux aller à l'hôtel et réserver des billets d'avion pour Berlin pour nous tous. Ensuite, je reviendrai ici en taxi et nous pourrons aller à l'aéroport ensemble. Qu'en pensez-vous ? » suggère Jack.

« Ça semble bien. Merci beaucoup, Jack. Laissez-moi vous donner de l'argent pour le billet. »

« Pas de souci ! Je le prendrai après avoir fait la réservation. »

« D'accord », dit Rose et Jack s'en va.

« Je serai de retour à **midi** », dit-il de l'entrée.

« Essayez de réserver un vol qui nous mènera à Berlin à **minuit** », dit Rose.

« J'espère qu'il y aura des vols vers Berlin **tous les jours** depuis l'aéroport voisin. Ce doit être un petit aéroport. »

« Je pense qu'il y en aura au moins un par jour les **jours ouvrables** et peut-être moins les jours de **fins de semaine**. »

« Voyons voir. Je reviendrai bientôt. Prenez soin de vous. Au revoir. »

―――――

## SUMMARY

Le groupe composé de Jack, Rose, la professeure et les enfants sont dans un garage près de la maison de l'avocat. Il neige dehors et ils attendent le retour de l'avocat. Pendant que l'enseignante et ses élèves dorment, Jack et Rose passent leur temps à résoudre un puzzle sur le mur. Ils se rendent compte que c'est le matin, et l'avocat n'est pas revenu. Jack décide de se rendre seul à l'hôtel afin d'acheter des billets d'avion pour Berlin pour tous.

---

WORDS TO REMEMBER

1. **Lundi** - Monday
2. **Mardi** - Tuesday
3. **Mercredi** - Wednesday
4. **Jeudi** - Thursday
5. **Vendredi** - Friday
6. **Samedi** - Saturday
7. **Dimanche** - Sunday
8. **Aujourd'hui**- Today
9. **Demain** - Tomorrow
10. **Hier** - Yesterday
11. **Matin** - Morning
12. **Après-midi** - Afternoon
13. **Soir** - Evening
14. **Ce soir** - Tonight
15. **Midi** - Midday
16. **Minuit** - Midnight
17. **Jours de la semaine** - Days of the week
18. **Jours ouvrables** - Weekdays
19. **Fins de semaine** - Weekend
20. **Tous les jours** - Everyday

## QUESTIONS

**1. Où l'équipe de voyage attend-elle?**

- a. La ferme
- b. La plage
- c. La succursale
- d. Le garage

**2. Que font l'enseignante et ses élèves?**

- a. Ils mangent
- b. Ils jouent
- c. Ils dorment
- d. Ils étudient

**3. Que voit Rose sur le mur?**

- a. Une araignée
- b. Un cadre en bois
- c. Une tablette
- d. Une peinture

**4. Que lit Jack sur le mur?**

- a. Ma troisième épouse parle si bien français
- b. Ma troisième épouse enseigne le français si doucement

- c. Mon professeur parlait à la sœur de Sarah
- d. Mon professeur enseignait le français à la sœur de Sam

## 5. Quelle est la solution au casse-tête?

- a. Les sept couleurs de l'arc-en-ciel
- b. Les sept jours de la semaine
- c. Sept versets de la Bible
- d. Les noms des sept continents

―――――

ANSWERS

1. **d.** Le garage
2. **c.** Ils dorment
3. **b.** Un cadre en bois
4. **a.** Ma troisième femme parle français si gentiment
5. **b.** Les sept jours de la semaine

―――――

ENGLISH TRANSLATION

Fifteen minutes later, the snow is slowing down. All the children and the three adults wait in the garage near the lawyer's house. There are no cars in the garage. It is warm inside and the group is comfortable there. The teacher and her students are fast asleep on a couple of benches in one corner. Jack and Rose are awake. There is only one small stool in the garage, and Rose is seated on it. Jack stands on the other side, leaning against the wall.

"Is this the lawyer's garage?" Rose asks.

"It should be, but I think he doesn't use it for his cars," Jack replies.

"Yes. I think he uses it for work."

"It doesn't look like a proper office," says Jack.

"I don't understand that sentence on the wall behind you. I wonder why they have put it here."

Jack turns around to look at the sentence on the wall. There is a very large wooden frame on the wall, and on it are stuck seven pieces of paper cut in different shapes. Two of them are square, two are round, one is in the shape of a diamond, one is flower-shaped and the final one is a star. "My Third Wife Talks French So Sweetly" are the seven words written on the seven pieces of paper. Jack looks at the frame and reads the sentence aloud.

"This is quite strange," he adds.

"Exactly! This doesn't look like a lawyer's office at all," Rose says.

"If this garage really belongs to the lawyer, there must be a meaning behind this sentence."

"Yes, Jack. You're right! But what can this sentence mean?"

"Uhm… Maybe it's a secret code?"

"That means what?"

"No. Look at the sentence closely. The first letter of every word is capitalized."

"Oh, yes! So, maybe the words refer to seven things," Rose says.

"What things?" Jack says.

"The seven colors of the rainbow?" says Rose.

"The first color of the rainbow is violet, but there isn't a 'V' here."

"Ah! Right! What else could it be?"

"There is something written under each word. Are you able to see what it is, Rose?"

"Yes. They are numbers."

"I got it! These are code for the seven days of the week." Jack says.

"How?"

"'My Third Wife' stands for the first three days of the week," Jack says.

"You mean 'My' for Monday, 'Third' for Tuesday, and 'Wife' for Wednesday?"

"Absolutely! The next two words stand for Thursday and Friday."

"'Talks' for Thursday and 'French' for Friday," says Rose.

"So these are the first five days of the week. I'm sure you know the last two."

"Yes! 'So' for Saturday and 'Sweetly' for Sunday."

"Perfect!"

"You are a genius, Jack!"

"That's not all. Look there," Jack says.

"What?"

"The clock on that wall. Yesterday is gone and this is a new day. We have to be in Berlin today and we are still in some unknown garage in this remote corner of Italy."

"Is it morning already? Time has just flown by."

"It will soon be afternoon and then evening. I have to meet my client tonight. God knows what's going to happen."

"Oh yes! And my exhibition also starts today. There is so much preparation I need to do before that happens.

This snow doesn't seem to stop any time soon. How are we going to travel?" Rose says.

"I think we should leave this place as soon as possible. The lawyer and his wife are not in town, I guess. How long are we going to wait here?"

"As soon as the snow stops, we can walk to the hotel and arrange a way for us to get to Berlin. But what about these children? The reason we came here was only that they couldn't walk such a long distance," Rose says.

"You are right, Rose, but I will lose my job! If you don't mind staying here with these people I can go to the hotel and book flight tickets to Berlin for all of us. Then I will come back here in a cab and we can go to the airport together. What do you think?" Jack suggests.

"Sounds good. Thank you so much, Jack. Let me give you some money for the ticket."

"No worries! I'll take it after I've done the booking."

"Okay," Rose says and Jack departs.

"I will be back by midday," he says from the doorway.

"Try to book a flight that'll get us to Berlin by midnight," Rose says.

"I hope there are flights to Berlin every day from the airport nearby. It must be a small airport."

"I think there will be at least one per day on weekdays and maybe fewer on weekends."

"Let's see. I'll be back soon. Take care. Bye."

# 5
# THE HOTEL
## MONTHS & TELLING TIME

Il est 6 heures du matin et Jack commence à marcher vers l'hôtel. Il ne neige plus, mais il fait très froid. Le soleil s'est levé et le matin est magnifique. Un rappel clignote sur le téléphone de Jack : *Achetez un cadeau pour la fête d'anniversaire de Kathryn le 28* ***février*** *2022.*

« Oh mon Dieu ! Je devais le faire aujourd'hui à Berlin ! » pense Jack.

Il descend la colline et atteint l'endroit où le train s'est arrêté.

« Bonjour ! » dit l'homme en uniforme à Jack.

« Oh ! Bonjour ! Des nouvelles de la grève ? » demande Jack.

« Ils disent que ça va durer encore 72 **heures**. C'est long cette fois-ci. Avez-vous réussi à rencontrer l'avocat ? » demande l'homme en uniforme.

« Non. Il n'est pas en ville, je suppose. Sa maison est verrouillée. »

« Ah, vraiment ? Désolé du problème. Je n'étais pas au courant. L'avocat ne voyage habituellement pas pendant les trois premiers mois de l'année. Sa mère arrive chez lui de France à la mi-janvier et reste ici jusqu'à la fin **mars**. Il est donc toujours à la maison avec elle. Pendant les autres **mois** de l'année, sa femme est toujours à la maison, même si ce n'est pas le cas. La seule fois où sa maison est verrouillée, c'est en **septembre** et en **octobre**. L'avocat et sa femme partent en vacances à ce moment-là. »

« Pas de problème. Peut-être a-t-il dû se déplacer pour le travail », dit Jack.

« Où allez-vous maintenant ? » demande l'homme.

« Je vais à l'hôtel pour réserver des billets d'avion pour nous tous. J'ai une réunion ce soir, c'est très important pour moi d'être là. »

« Venez avec moi. Je vais vous aider », dit l'homme.

« C'est vraiment gentil de votre part. Merci beaucoup », dit Jack alors qu'ils commencent à marcher.

« Les trois derniers mois ont été très mauvais pour les chemins de fer. Nous avons eu une grève en **novembre** dernier et tous les services ferroviaires ont été interrompus pendant deux jours. Puis, en **décembre**, il y a eu trop de neige et cela a eu une incidence sur les horaires des trains. En **janvier**, il y a eu un accident de train. Heureusement, personne n'a perdu la vie et il y a eu peu de blessés. Et maintenant il y a une autre grève. J'espère que mars, **avril** et **mai** se dérouleront sans problème. »

Jack hoche la tête.

« Si je me souviens bien, il y a un vol pour Berlin à **quatre heures et demie** et un autre à **huit heures** du matin. Vous êtes en retard pour la séance **du matin**, mais je pense que vous pouvez répondre à la deuxième. »

« Absolument ! Ce sera formidable si je peux prendre le vol de 16 h 30 », dit Jack.

« Il est maintenant **sept heures moins le quart**. Nous serons à l'hôtel dans dix **minutes**. La réceptionniste pourra nous aider à faire les réservations. »

« Depuis combien de temps travaillez-vous pour les chemins de fer ? » demande Jack.

« Je suis entré en fonction en **juin** 2018. Cela fait donc trois ans et demi. »

« C'est assez long ! »

« Oui, et j'ai à peine pris congé pendant cette période. Je n'ai pris une pause de deux mois que l'**an** dernier, en **juillet** et en **août**, lorsque j'ai dû subir une chirurgie du dos. »

« Comment va votre dos maintenant ? » demande Jack.

« C'est beaucoup mieux maintenant. Merci. Il y a l'hôtel. Vous voyez l'édifice rouge là-bas ? »

« Oui. Ça n'a pas pris si longtemps ! »

L'homme rit. Ils arrivent à l'hôtel et marchent jusqu'au bureau de la réceptionniste.

« Bonjour, messieurs, comment puis-je vous aider ? » dit la réceptionniste.

« Bonjour ! Ce jeune homme doit réserver des billets d'avion pour Berlin. Pouvez-vous nous aider ? »

« Bien sûr, monsieur ! Asseyez-vous », dit la réceptionniste en se tournant vers son ordinateur.

Les deux hommes s'assoient en face d'elle.

« Très bien, alors quand aimeriez-vous voyager ? » demande-t-elle.

« Aujourd'hui, sur le vol le plus tôt possible », répond Jack.

« D'accord. Et vous aimeriez vous rendre à Berlin, n'est-ce pas ? » demande la réceptionniste.

« Oui. Je préférerais un vol direct, car je n'ai pas beaucoup de **temps** », dit Jack.

« D'accord. Il y a donc deux vols aujourd'hui. L'un est à **huit heures quinze**, c'est-à-dire dans environ une heure. Et l'autre est à 7 h **de la soirée**. Les deux vols se rendent directement à Berlin. »

« N'y a-t-il pas un vol plus tôt ? » demande Jack.

« Il y en avait un à 16 h 30, mais qu'en est-il de ce vol? » demande l'homme en uniforme à la réceptionniste.

« Non, monsieur. Les horaires ont changé. Il n'y en a pas à ce moment-là. » répond la réceptionniste.

« Qu'aimeriez-vous faire ? » demande l'homme en uniforme à Jack.

« Je pense que je vais prendre la motion de 19 h. Je n'ai pas d'autre choix », décide Jack et sort sa carte de crédit de son portefeuille.

« Vous voulez donc un billet pour Berlin avant le vol de 19 h ce soir, n'est-ce pas ? » demande la réceptionniste.

« Non. Il y a quelques personnes de plus qui voyagent avec moi. J'ai besoin de quinze billets au total, y compris les miens », dit Jack.

« D'accord, juste une **seconde**. Laissez-moi vérifier si 15 billets sont disponibles. »

La réceptionniste confirme la disponibilité des billets et les réservations sont faites pour Jack et le reste de son groupe de voyage.

---

## SUMMARY

Jack se rend à l'hôtel pour réserver un vol vers Berlin. Sur le chemin, il rencontre l'homme en uniforme qui lui propose de l'aider. Tous deux se rendent à l'hôtel et réservent les billets pour Berlin avec l'aide de la réceptionniste.

---

## WORDS TO REMEMBER

1. **Janvier**- January
2. **Février** - February
3. **Mars** - March
4. **Avril** - April
5. **Mai** - May
6. **Juin** - June
7. **Juillet** - July
8. **Août** - August
9. **Septembre** - September
10. **Octobre** - October
11. **Novembre** - November
12. **Décembre** - December
13. **Mois** - Months
14. **An** - Year
15. **Heures** - Hours
16. **Minutes** - Minutes
17. **Seconde** - Second
18. **Quatre heures et demie** - Half-past four
19. **Sept heures moins le quart**- Quarter to seven
20. **Du matin** - a.m.
21. **De la soirée** - p.m.
22. **Huit heures** - Eight o'clock
23. **Huit heures quinze** - Fifteen minutes past eight
24. **Temps** - Time

---

## QUESTIONS

1. **Comment Jack va à l'hôtel?**

- a. En voiture
- b. Par autobus
- c. En train
- d. À pied

**2. Qui rend visite à l'avocat de janvier à mars?**

- a. Sa mère
- b. Son père
- c. Son frère
- d. Sa sœur

**3. Quelle est la couleur de l'hôtel?**

- a. Blanc
- b. Rouge
- c. Jaune
- d. Brun

**4. Qui réserve les billets d'avion pour Jack?**

- a. La réceptionniste
- b. Son ami
- c. Son collègue
- d. L'avocat

**5. Combien de billets Jack paie-t-il?**

- a. Un
- b. Deux
- c. Douze
- d. Quinze

―――――

ANSWERS

1. **d.** À pied
2. **a.** Sa mère
3. **b.** Rouge
4. **a.** La réceptionniste
5. **d.** Quinze

―――――

ENGLISH TRANSLATION

The time is 6 a.m., and Jack starts walking towards the hotel. It's no longer snowing, but the weather is very cold. The sun has risen, and the morning is beautiful. A reminder flashes on Jack's phone. Buy a gift for Kathryn's birthday party on February 28th, 2022.

"Oh god! I had to do this today in Berlin!" Jack thinks.

He walks down the hill and reaches the spot where the train stopped.

"Good morning!" the man in the uniform says to Jack.

"Oh! Hello! Any news about the strike?" Jack says.

"They say it will go on for another 72 hours. It's a long

one this time. Did you manage to meet the lawyer?" the man in the uniform asks.

"No. He is not in town, I guess. His house is locked."

"Oh, is it? Sorry for the trouble. I was not aware of this. The lawyer usually doesn't travel during the first three months of the year. His mother comes over to his house from France in mid-January and stays here until the end of March. So he's always at home with her. During the other months of the year, his wife is always at home even if he's not. The only time when his house is locked is in September and October. The lawyer and his wife go for a vacation at that time."

"No problem. Maybe he had to travel for work," says Jack.

"Where are you going now?" asks the man.

"I'm going to the hotel to book flight tickets for all of us. I have a meeting this evening, and it's very important for me to be there."

"Come on with me. I'll help you," says the man.

"That's really kind of you. Thank you so much," Jack says and they start walking.

"The last three months have been very bad for the railways. We had a strike last November and all train services were on halt for two days. Then in December, there was too much snowfall and that affected train schedules. In January, there was a train accident. Fortunately, no one lost their life and there were few injuries. And now there's another strike. I hope March, April, and May go without any problems."

Jack nods.

"If I remember correctly, there is one flight to Berlin at half-past four and another at eight o'clock in the morning. You are late for the morning one, but I think you can take the second one."

"Absolutely! It will be great if I can take the 4:30 flight," says Jack.

"It's quarter to 7 now. We will be at the hotel in ten minutes. The receptionist will be able to help us with the bookings."

"Since how long have you been working for the railways?" Jack asks.

"I joined in June 2018. So it has been three years and a half."

"That's quite a long time!"

"Yes, and I have barely taken any time off through this period. I only took a two-month break last year in July and August when I had to undergo back surgery."

"How is your back now?" Jack asks.

"It's much better now. Thank you. There's the hotel. You see the red building over there?"

"Yes. It didn't take that long!"

The man laughs. They reach the hotel and walk up to the desk of the receptionist.

"Good morning gentlemen, how can I help you?" the receptionist says.

"Morning! This young gentleman needs to book some flight tickets to Berlin. Can you help us?" says the man.

"Sure sir! Please take a seat," the receptionist says and turns towards her computer.

The two men sit down opposite her.

"All right, so when would you like to travel?" she asks.

"Today, on the earliest possible flight," Jack replies.

"Okay. And you would like to travel to Berlin, am I right?" the receptionist asks.

"Yes. I would prefer a direct flight as I do not have much time," says Jack.

"Okay. So there are two flights today. One is at 15 minutes past 8, which is in just about an hour from now.

And the other one is at 7 p.m. Both of these fly directly to Berlin."

"Isn't there an earlier flight?" Jack asks.

"There used to be one at 4:30 p.m., what about that flight?" the man in the uniform asks the receptionist.

"No sir. The schedules have changed. There aren't any at that time." replies the receptionist.

"What would you like to do?" the man in the uniform asks Jack.

"I think I'll just take the 7 p.m. one. I don't have any other choice," Jack decides and pulls out his credit card from his wallet.

"So you want one ticket to Berlin by the 7 p.m. flight tonight, am I right?" asks the receptionist.

"No. There are a few more people traveling with me. I need fifteen tickets in total, including mine," Jack says.

"Okay, just a second. Let me check if fifteen tickets are available."

The receptionist confirms the availability of the tickets and the bookings are done for Jack and the rest of his traveling party.

# 6

## THE FARM
### FOOD & MEALS

Jack et l'homme en uniforme sortent de l'hôtel. Jack a l'air heureux, il a des billets à la main.

« Voulez-vous vous joindre à moi pour le petit déjeuner ? » demande l'homme à Jack.

« Bien sûr ! J'ai très faim. Nous n'avons même pas dîné hier soir au milieu du chaos », dit Jack.

« Oh, mon garçon ! C'est dommage ! Je vais vous emmener dans un bon **restaurant**. Vous allez adorer la **nourriture** là-bas. »

« Très bien ! Allons-y ! » dit Jack.

« Ils sont ouverts toute la journée du lundi au samedi, mais le dimanche, ils sont fermés toute la journée et ouverts uniquement pour le **dîner**. J'y vais très souvent. »

« À quelle heure ouvrent-ils le matin ? » demande Jack.

« Ils ouvrent habituellement à 7 heures par beau temps. Comme il a neigé toute la nuit, vérifions. »

« Quel est votre **plat** préféré au menu ? » demande Jack.

« Uhm... J'aime leur pizza plus. Ils utilisent des légumes frais directement de la ferme. C'est délicieux ! »

« Cultivent-ils leurs propres légumes ? » demande Jack, intéressé.

« Oh oui ! Ils ont une énorme ferme et ils cultivent une variété de **légumes** et de fruits. Ils produisent aussi leurs propres produits laitiers, comme le lait, le fromage, le yogourt et le beurre », explique l'homme.

« Wow ! Ça semble incroyable ! Est-ce qu'ils font aussi leur propre **pain** ? » demande Jack.

« Oui, ils le font. Leur confiture aussi est très savoureuse. »

« Y a-t-il de la confiture ? J'adore la confiture au petit déjeuner. »

« Ils ont de la confiture de fraises. Ils sont une famille de quatre, un couple et leurs filles jumelles. Ils gèrent le restaurant, ainsi que la ferme. »

« Farm Fresh », lit-il à quelques pas d'un conseil d'administration. « Est-ce celui-là ? », demande-t-il.

« Oui ! » répond l'homme.

Ils entrent et le propriétaire les accueille.

« Bonjour ! » L'homme en uniforme salue le propriétaire. « Êtes-vous ouvert ? »

« Oui, très bien ! Nous sommes ouvert, veuillez entrer », répond le propriétaire.

« Merveilleux ! Pouvons-nous avoir une table pour deux ? » dit l'homme.

« Bien sûr ! » répond le propriétaire avant de les escorter jusqu'à la table.

Jack et l'homme remercient le propriétaire et prennent place. Le restaurant est agréable et spacieux. Il est assez vide avec juste une autre table occupée où un vieil homme est assis avec une tasse de thé et un journal. Jack et son compagnon prennent le menu placé devant eux et commencent à le regarder.

« Qu'aimeriez-vous boire ? » demande l'homme à Jack. « Je vais commander un café pour moi-même. »

« Je ne peux rien lire ou comprendre ici. N'ont-ils pas un menu en anglais ? » demande Jack.

« Oh ! Ne parlez-vous pas italien ? »

« Pas du tout. Je suis britannique. »

« Je vois. Ce n'est qu'un petit village et aucun touriste ne vient ici. Ils n'ont donc qu'un **menu**. Ne vous inquiétez pas, je vais vous aider », dit l'homme en uniforme à Jack.

« Très bien. Merci beaucoup », répond-il.

« Préférez-vous boire du **thé**, du **café**, du **lait** ou du **jus** ? »

« Ont-ils quelque chose comme un **petit-déjeuner** continental ? » demande Jack.

« Oui, ils le font », répond l'homme.

« Très bien ! Je vais le prendre. » dit Jack, et les deux commandent. L'homme commande des céréales et un bol de fruits pour lui-même.

« Les oiseaux là-bas doivent apprécier les **tomates** », dit Jack.

« Certains insectes et oiseaux font vraiment des ravages dans le jardin. L'été dernier, j'ai perdu beaucoup de mes concombres et de mes **salade**s à cause des ravageurs. »

« Avez-vous aussi une ferme ? » demande Jack.

« Non. Ma grand-mère et moi les cultivons dans notre jardin à la maison. »

« C'est charmant ! Ma mère aussi cultive des **pommes de terre**, des **oignons** et des **carottes**, mais elle s'intéresse davantage aux fleurs », dit Jack.

« Votre jardin doit être aussi coloré que mon bol de fruits », fait remarquer l'homme, tandis que le petit **déjeuner** pour les deux est apporté et placé sur la table.

Jack sourit et regarde les **fruits**. Il voit un grand bol de **pommes** tranchées, de **papaye**, de pastèque, de baies et de **raisins**. Ils sont beaux. Le propriétaire met du **sel**, du **sucre** et une bouteille d'**eau** sur la table.

« Bon appétit avec votre **repas**! » Le propriétaire se tourne vers Jack et lui dit : « Je crois que vous nous rendez visite pour la première fois. Aimeriez-vous goûter notre **soupe** à la citrouille ? C'est notre plat vedette. »

« Peut-être une autre fois. Merci », dit Jack.

« Nous avons ajouté une variété de nouveaux **sandwichs**, de plats de **viande** et de **gâteaux** à nos menus du midi et du soir. Veuillez nous rendre visite de nouveau », dit le propriétaire.

« Bien sûr », répond l'homme en uniforme en coupant un morceau de **pastèque** avec son **couteau** et sa **fourchette**.

« Voulez-vous commander autre chose? » demande le propriétaire.

« Non, merci », dit Jack.

« Rien pour moi aussi. Pourriez-vous s'il vous plaît préparer l'**addition** ? » dit l'homme en uniforme.

« Oui, certainement », dit le propriétaire et s'en va.

---

SUMMARY

L'homme en uniforme emmène Jack qui est affamé déjeuner dans un restaurant . Ils parlent des propriétaires de restaurants et de leur ferme, ainsi que de leurs propres jardins.

---

## WORDS TO REMEMBER

1. **Restaurant** - Restaurant
2. **Repas** - Meal
3. **Aliments/Nourriture** - Food
4. **Petit-déjeuner** - Breakfast
5. **Déjeuner** - Lunch
6. **Dîner** - Dinner
7. **Menu** - Menu
8. **Couteau** et une **fourchette** - Knife and fork
9. **Addition** - Bill
10. **Soupe** - Soup
11. **Viande** - Meat
12. **Salade** - Salad
13. **Sandwichs** - Sandwiches
14. **Gâteaux** - Cakes
15. **Sel** - Salt
16. **Sucre** - Sugar
17. **Pain** - Bread
18. **Lait** - Milk
19. **Thé** - Tea
20. **Café** - Coffee
21. **Eau** - Water
22. **Jus** - Juice
23. **Pommes** - Apples
24. **Tomates** - Tomatoes
25. **Pommes de terre** - Potatoes
26. **Carottes** - Carrots
27. **Oignons** - Onions
28. **Raisins** - Grapes
29. **Pastèque** - Watermelon
30. **Papaye** - Papaya
31. **Fruits** - Fruits

**32. Légumes** - Vegetables
**33. Assiette/Plat** - Dish

---

## QUESTIONS

### 1. Où l'homme en uniforme emmène-t-il Jack?

- a. À l'épicerie
- b. Au musée
- c. Au restaurant
- d. Au café

### 2. Où se trouve le restaurant?

- a. À la ferme
- b. Sur la plage
- c. Sur la colline
- d. Dans la forêt

### 3. Lequel des énoncés suivants est vrai?

- a. Jack est malade
- b. Jack a faim
- c. Jack est en colère
- d. Jack ne peut pas marcher

## 4. À quelle heure le restaurant ouvre-t-il le dimanche?

- a. Il est ouvert toute la journée
- b. Il ouvre à 7 h.
- c. Il ouvre pour le déjeuner
- d. Il ouvre pour le dîner

## 5. Quel est le plat signature du restaurant?

- a. Sandwich
- b. Le bol de fruits
- c. La soupe à la citrouille
- d. Gâteau

―――――

ANSWERS

1. **c.** Au restaurant
2. **a.** À la ferme
3. **b.** Jack a faim
4. **d.** Il ouvre pour le dîner
5. **c.** La soupe à la citrouille

―――――

ENGLISH TRANSLATION

Jack and the man in the uniform walk out of the hotel. Jack looks happy. He has tickets in his hand.

"Would you like to join me for breakfast?" the man asks Jack.

"Sure! I'm very hungry. We didn't even have dinner last night in the middle of all the chaos," Jack says.

"Oh, lad! That's too bad! I'll take you to a nice restaurant. You will love the food there,"

"Lovely! Let's go!" Jack says.

"They are open all day from Monday through Saturday, but on Sundays, they are closed all day and open only for dinner. I go there very often."

"What time do they open in the morning?" Jack asks.

"They usually open at 7 a.m. when the weather is good. Since it snowed all night, let's check."

"What's your favorite dish on their menu?" Jack asks.

"Uhm… I like their pizza the most. They use fresh vegetables straight from the farm. It's delicious!"

"Do they grow their own vegetables?" Jack asks, interested.

"Oh yes! They have a huge farm and they grow a variety of vegetables and fruits. They also produce their own dairy products such as milk, cheese, yogurt, and butter," the man explains.

"Wow! Sounds amazing! Do they also make their own bread?" Jack asks.

"Yes, they do. Their jam too is very tasty."

" Do they have jam? I love jam for breakfast."

"They have strawberry jam. They are a family of four, a couple and their twin daughters. They manage the restaurant, as well as the farm."

"Farm Fresh," Jack reads from a board a few steps away. "Is this the one?" he asks.

"Yes!" the man replies.

They walk in and the owner greets them.

"Hello!" the man in the uniform greets the owner. "Are you open?"

"Yes, very much so! Please come in," the owner replies.

"Wonderful! Can we have a table for two?" the man says.

"Sure!" the owner replies and escorts them to the table.

Jack and the man thank the owner and take their seats. The restaurant is nice and spacious. It is fairly empty with just one other occupied table where an old man is seated with a cup of tea and a newspaper. Both Jack and his companion pick up the menu placed in front of them and begin scanning it.

"What would you like to drink?" the man asks Jack. "I'm going to order a coffee for myself."

"I can't read or understand anything here. Don't they have an English menu?" Jack asks.

"Oh! Don't you speak Italian?"

"Not at all. I'm British."

"I see. This is only a small village and no tourists come here. So they only have one menu. No worries, I will help you," the man in the uniform says to Jack.

"All right. Thank you so much," he replies.

"Would you prefer tea, coffee, milk, or some juice to drink?"

"Do they have something like a continental breakfast platter?" Jack asks.

"Yes, they do," the man replies.

"Great! I'll take that." Jack says and both of them place their orders. The man orders breakfast cereal and a bowl of fruits for himself.

"The birds there must enjoy the tomatoes," Jack says.

"Some insects and birds really create havoc in the garden. I lost a lot of my cucumbers and salad greens to pests last summer."

"Do you also have a farm?" Jack asks.

"No. My grandmother and I grow them in our garden at home."

"That's lovely! My mother too, she grows potatoes, onions, and carrots, but she's more interested in flowers," Jack says.

"Your garden must be as colorful as my fruit bowl," the man remarks as the breakfast for the two of them is brought and placed on the table.

Jack smiles and looks at the fruits. He sees a large bowl of sliced apples, papaya, watermelon, berries, and grapes. They look beautiful. The owner places salt, sugar, and a bottle of water on the table.

"Enjoy your meal!" The owner turns to Jack and says, "I think you are visiting us for the first time. Would you like to try our pumpkin soup? It's our signature dish."

"Maybe some other time. Thank you," says Jack.

"We have introduced a variety of new sandwiches, meat dishes, and cakes to our lunch and dinner menus. Please do visit us again." says the owner.

"Sure," replies the man in the uniform while cutting a piece of the watermelon with his knife and fork.

"Would you like to order anything else?" asks the owner.

"No. Thank you," says Jack.

"Nothing for me too. Could you please get the bill ready?" says the man in the uniform.

"Yes, definitely," the owner says and leaves.

# 7
# THE BIRTHDAY GIFT
## EMOTIONS

Jack est tout seul dans les rues du petit village. L'homme en uniforme retourne à son travail dans les chemins de fer après le petit déjeuner. Jack n'a rien à **faire** de toute la journée, alors il décide d'aller acheter des cadeaux pour la fête d'anniversaire de Kathryn. Kathryn et Jack sont amis depuis l'enfance, mais pour Jack, Kathryn est plus qu'une amie. Il est secrètement amoureux d'elle, mais Kathryn ignore ses sentiments pour elle. Il l'aime mais il est **nerveux** et **anxieux** d'exprimer son affection. Il craint qu'elle ne dise « non ». Il découvre qu'il y a un bon magasin sur l'autoroute à l'extérieur du village et décide d'y aller.

Jack est très **excité** par l'anniversaire de Kathryn. Il arrive au magasin, et ses yeux tombent sur une affiche. Il aime la robe dans l'affiche et la fille qui la porte ressemble aussi beaucoup à Kathryn. Donc, Jack va dans le magasin à la recherche de la même robe. Il est très **confiant** que Kathryn va l'aimer. Le magasin est énorme. Il y a quatre étages et la plaque signalétique à l'extérieur indique, monsieur et madame Proud. Il est **surpris** de voir un magasin aussi luxueux dans cet endroit éloigné.

« Excusez-moi », dit-il en marchant vers le personnel des ventes. « Où puis-je voir la robe qui est sur l'affiche à l'extérieur? »

La femme a l'air très en colère et **ennuyée**. Elle ne dit rien et pointe vers l'ascenseur. Jack suppose que la robe est au premier étage, alors il se retourne et commence à marcher vers l'ascenseur. Il appuie sur le bouton et attend. Autour de l'ascenseur se trouve un grand nombre de livres. Jack lit les titres et un livre capte son attention. Il se rapproche et le ramasse sur l'étagère. Le titre dit, ***Intéressé** par une femme mais ne sait pas comment le dire?* Lisez-moi. Jack **espère** que ce livre lui sera utile. Il décide de l'acheter.

L'ascenseur arrive et les portes s'ouvrent. Il entre et deux jeunes filles le suivent. Les portes de l'ascenseur se ferment et au même moment, le téléphone de Jack sonne. C'est un appel vidéo de Kathryn. Jack est super **heureux**. Il élabore un plan rapide pour tester ce que Kathryn ressent pour lui. Il répond au téléphone et s'assure que l'une des deux filles dans l'ascenseur est dans son cadre.

« Si Kathryn s'informe au sujet de cette fille, cela signifie qu'elle est **jalouse**. Et si elle est jalouse, cela signifie qu'elle m'aime aussi secrètement », se dit Jack.

Kathryn est **furieuse** parce qu'elle a l'impression que Jack n'assistera pas à sa fête d'anniversaire. Jack lui parle d'un ton affectueux et lui assure qu'il sera là pour la fête. Jack lui raconte les aventures de son voyage et elle **s'amuse**. Elle ne semble même pas un tantinet **curieuse** de connaître la fille. Cela rend Jack un peu **triste** et il se retire momentanément, mais il se compose rapidement et se lance dans la recherche de ce cadeau parfait pour sa femme spéciale.

Les portes de l'ascenseur s'ouvrent et les deux filles sortent. Jack les suit simplement sans prêter beaucoup d'attention à l'environnement. Toute sa concentration est centrée sur l'image d'affichage WhatsApp de Kathryn. La photo contient Kathryn avec un garçon et deux filles, et la présence du garçon rend Jack très **envieux**. Jack ne supporte pas ça et il est **déterminé** à trouver qui est ce garçon.

« Laissez-moi le traquer sur Instagram », se dit-il en commençant ses recherches.

Il continue à marcher et à chercher simultanément. Soudain, la voix d'une femme l'appelle. Elle est le personnel de vente là-bas.

« Excusez-moi, monsieur ! C'est un secteur réservé aux femmes. Cherchez-vous quelqu'un? »

Jack lève les yeux, extrêmement **gêné** et **honteux**. Il s'excuse rapidement auprès de la femme et quitte la salle.

« Oh, mon Dieu ! C'était tellement **stupide** », se dit Jack.

Tous les autres clients à cet étage étaient **en colère** contre le personnel des ventes. Ils commencent à se plaindre d'elle à son gestionnaire. Le manager s'énerve contre elle et Jack se sent très coupable de la position dans laquelle il l'a mise.

Il se compose et sans se laisser **distraire** par quoi que ce soit, il retourne à l'ascenseur. L'homme sur la photo de Kathryn est toujours dans son esprit. Il est **perturbé** et a très **peur** de la perdre.

---

## SUMMARY

Jack se rend dans un magasin près du village pour acheter un cadeau d'anniversaire à Kathryn. Il a le béguin pour elle. Il aime une robe dans une affiche à l'extérieur du magasin et décide d'acheter la même pour Kathryn. Comme il va chercher la robe dans le magasin, il se retrouve dans une zone entièrement féminine à son insu. La raison de la négligence de Jack est sa jalousie. Il remarque un garçon sur la photo de Kathryn WhatsApp et il est bouleversé.

---

## WORDS TO REMEMBER

-
  1. **Intéressé** - Interested
  2. **Ennuyait/ennuyée** - Bored
  3. **Content/heureux** - Happy
  4. **Anxieux** - Anxious
  5. **Nerveux** - Nervous
  6. **Confiant** - Confident
  7. **Excité** - Excited
  8. **Perturbé** - Disturbed
  9. **En colère** - Angry
  10. **Distraits** - Distracted
  11. **Triste** - Sad
  12. **Honteux** - Ashamed
  13. **Embarrassé/gêné** - Embarrassed
  14. **Surpris** - Surprised
  15. **Espère** - Hopeful
  16. **Curieuse** - Curious
  17. **Amusé** - Amused
  18. **Jaloux/jalouse** - Jealous
  19. **Envieux** - Envious
  20. **Furieux/furieuse** - Enraged
  21. **Stupide** - Stupid
  22. **Déterminé** - Determined

23. **Peur** - Afraid

---

## QUESTIONS

**1. Quel est le nom du magasin que Jack visite?**

- a. M. et Mme Pompous
- b. Le monde des femmes
- c. Le royaume de la robe
- d. M. et Mme Proud

**2. Que voit Jack à l'extérieur du magasin?**

- a. Une voiture
- b. Un homme
- c. Un étal d'aliments
- d. Une affiche

**3. Qu'est-ce que Jack veut acheter pour Kathryn?**

- a. Des chaussures
- b. Un sac à main
- c. Une robe
- d. Des pinces à cheveux

**4. Qui appelle Jack?**

- a. Rose
- b. Sa mère
- c. Kathryn
- d. Son patron

## 5. Qu'est-ce que Jack décide d'acheter pour lui-même en attendant l'ascenseur?

- a. Un livre
- b. Un stylo
- c. Un téléphone mobile
- d. Une paire de lunettes de soleil

---

ANSWERS

1. **d.** M. et Mme Proud
2. **d.** Une affiche
3. **c.** Une robe
4. **c.** Kathryn
5. **a.** Un livre

---

ENGLISH TRANSLATION

Jack is all alone on the streets of the little village. The man in the uniform returns to his work in the railways after breakfast. Jack has nothing to do all day, so he decides to go gift shopping for Kathryn's birthday party. Kathryn and

Jack have been friends since childhood, but for Jack, Kathryn is more than a friend. He is secretly in love with her, but Kathryn is unaware of his feelings for her. He loves her but he's nervous and anxious about expressing his affection. He fears that she might say "no." He finds out about a good store on the highway outside the village and decides to go there.

Jack is very excited about Kathryn's birthday. He reaches the store, and his eyes fall on a poster. He loves the dress in the poster and the girl wearing it also looks very similar to Kathryn. So Jack goes inside the store in search of the same dress. He's very confident that Kathryn will like it. The store is huge. It has four floors and the nameplate outside reads, Mr. and Mrs. Proud. He is surprised to see such a plush store in that remote place.

"Excuse me," he says walking towards the sales staff. "Where can I see the dress which is on the poster outside?"

The woman looks very angry and bored. She says nothing and just points towards the elevator. Jack assumes the dress is on the first floor, so he turns around and starts walking towards the elevator. He pushes the button and waits. Around the elevator are a large number of books. Jack reads the titles and one book captures his attention. He goes closer and picks it up from the shelf. The title reads, Interested in a woman but don't know how to say it? Read me. Jack is hopeful that this book will be of help to him. He decides to buy it.

The elevator arrives and the doors open. He walks in and two young girls follow him. The doors of the elevator close and at that instance, Jack's phone rings. It's a video call from Kathryn. Jack is super happy. He hatches a quick plan to test what Kathryn feels for him. He answers the phone and makes sure one of the two girls in the elevator is in his frame.

"If Kathryn enquires about this girl, that means she's jealous. And if she is jealous, it means she secretly loves me as well," Jack thinks to himself.

Kathryn is enraged because she is under the impression that Jack will not be attending her birthday party. Jack speaks to her in a loving tone and assures her that he will be there for the party. Jack narrates the adventures of his journey to her and she is amused. She doesn't seem even a tad curious to know about the girl. This makes Jack a bit sad and he momentarily becomes withdrawn, but he soon composes himself and embarks on finding that perfect gift for his special woman.

The doors of the elevator open, and the two girls step out. Jack simply follows them without paying much attention to the surroundings. His entire concentration is centered on Kathryn's WhatsApp display picture. The picture contains Kathryn along with a boy and two girls, and the presence of the boy makes Jack very envious. Jack cannot stand this and he's determined to find out who that boy is.

"Let me hunt him down on Instagram," he thinks to himself and begins his search.

He continues walking and searching simultaneously. Suddenly, a woman's voice calls out to him. She is the sales staff there.

"Excuse me, sir! This is a women-only area. Are you looking for someone?"

Jack looks up, and he's extremely embarrassed and ashamed. He quickly apologizes to the woman and leaves the floor.

"Oh, God! That was so stupid," Jack thinks to himself.

All the other customers on that floor or angry at the sales staff. They start complaining about her to her manager. The manager gets mad at her and Jack feels very guilty about the position he's put her in.

He composes himself and without allowing himself to get distracted by anything, he gets back to the elevator. The man in Kathryn's display picture is still on his mind. He's disturbed and very afraid that he might lose her.

# 8
## THE FINAL CHOICE
### PRESENT TENSE VERBS

Jack est toujours au magasin. Il **veut** désespérément **acheter** un cadeau incroyable pour l'anniversaire de Kathryn et il n'y a pas d'autre magasin autour. Il retourne au rez-de-chaussée et décide de **regarder** autour à chaque étage.

« Qu'aimeriez-vous **voir**, monsieur ? » demande une vendeuse blonde qui travaille au magasin à Jack.

Jack **marche** vers le comptoir où se trouve la femme. Il y a un certain nombre de parfums sur l'étagère dans de belles bouteilles de différentes formes. Jack aime les formes. Il prend une bouteille qui est en forme de fleur de rose pour **sentir** le parfum.

« Vous pouvez **essayer** le testeur, monsieur. Ce que vous avez en main est une nouvelle pièce. Les clients ne sont pas autorisés à les utiliser avant l'achat », **raconte** la femme à Jack et lui **donne** le testeur.

Jack **prend** le testeur et vaporise un peu sur sa main. L'odeur est céleste. Jack veut **connaître** le prix avant de pouvoir décider. Il prend la nouvelle bouteille pour voir le prix, mais il n'en est pas question ici.

« Quel est le prix de celui-ci ? » **demande**-t-il à la femme.

« Ça coûte 150 euros », lui dit-elle.

Jack **pense** que c'est cher. Il entend soudainement de la musique douce jouer de la bouteille.

« Est-ce une bouteille musicale ? » demande Jack, surpris.

« Oui, monsieur. La musique joue quand vous touchez le couvercle », **dit**-elle.

Jack **touche** le couvercle et la musique commence à jouer. Il se **sent** bien avec la bouteille.

« Est-ce que cela **utilise** des piles ? » demande Jack.

« Non, monsieur. Il s'agit d'une nouvelle technologie. Tant qu'il y a du parfum dans la bouteille, la musique retentit chaque fois que vous touchez le couvercle. Si vous **revenez** nous voir une fois que votre bouteille est vide, nous pouvons la remplir à nouveau pour vous », répond-elle.

« Mais je vis au Royaume-Uni ! »

« Ne vous inquiétez pas. **Appelez**-nous et nous vous enverrons un sac de recharge par la poste. Vous pouvez facilement le remplir vous-même. C'est très facile. »

« C'est incroyable ! Mais c'est très cher. Avez-vous une offre de rabais ? »

« Pas pour le moment », répond la femme.

« D'accord. S'il vous plaît, pouvez-vous **garder** cela de côté pour moi. « Je veux jeter un coup d'œil au reste des produits du magasin avant de prendre ma décision », dit Jack à la femme.

Il s'avance et trouve des étagères pleines de produits de beauté pour les femmes. Il y a des vernis à ongles, des rouges à lèvres et une foule d'autres produits cosmétiques. Jack est confus. Il ne connaît rien au maquillage. Il essaie de **comprendre** les produits en lisant les étiquettes, mais il a beaucoup de difficulté à choisir la bonne.

Jack **va** ensuite au premier étage. La vendeuse l'accompagne. Il se rend compte qu'il n'était pas à cet étage auparavant.

« C'était le quatrième étage, monsieur. C'est un salon de beauté et un spa réservés aux femmes », explique la vendeuse avant que Jack ne dise quoi que ce soit.

Jack sourit et va de l'avant. La région est pleine de belles robes. Jack est hypnotisé. Il **devient** très excité alors qu'il se tient là en imaginant Kathryn dans toutes ces robes. Il regarde attentivement autour de lui pour voir s'il peut **trouver** la robe de l'affiche à l'extérieur du magasin. Après quelques recherches, il **voit** enfin la robe exacte.

« C'est ce que je cherchais. J'ai **besoin** d'une petite taille dans cette robe, s'il vous plaît », dit Jack.

« Bien sûr, monsieur, » dit la femme et **apporte** une petite taille pour Jack de la réserve. « Est-ce que ce sera tout ? Ou cherchez-vous à **acheter** quelque chose de plus ? »

« Non. C'est à peu près tout. Le parfum et cette robe. »

« Bon choix ! »

« Et beaucoup d'argent aussi ! Mais c'est bien. Elle sera très heureuse », dit Jack.

« Est-ce quelqu'un de spécial ? » demande la femme avec un grand sourire.

Jack sourit avec charme et hoche la tête.

« Alors, je vais vous donner un beau papier cadeau », dit la femme en un clin d'œil.

Jack effectue le paiement et regarde la vendeuse emballer les cadeaux de façon créative dans du papier glacé.

---

## SUMMARY

Jack fait le tour du même magasin à la recherche d'un cadeau pour Kathryn. Avec l'aide d'une vendeuse blonde, il trouve un bon parfum, mais son cœur est toujours fixé sur la robe de l'affiche. Après quelques recherches, il trouve la robe et est heureux de trouver de merveilleux cadeaux pour Kathryn.

---

## WORDS TO REMEMBER

1. **Regarder** - To look
2. **Faire** - To make
3. **Apporter** - To bring
4. **Acheter** - To buy
5. **Trouver** - To find
6. **Devenir (devient)** - To become
7. **Dire (dit)** - To say
8. **Raconter** - To tell
9. **Demander** - To ask
10. **Voir (voit)** - To see
11. **Entendre** - To hear
12. **Sentir** - To smell
13. **Toucher** - To touch
14. **Prendre (prend)** - To take
15. **Comprendre** - To understand
16. **Choisir** - To choose
17. **Marcher** - To walk
18. **Sentir** - To feel
19. **Travailler** - To work
20. **Garder** - To keep

21. **Essayer** - To try
22. **Vouloir (veut)** - To want
23. **Penser** - To think
24. **Utiliser** - To use
25. **Savoir-Connaître** - To know
26. **Donner** - To give
27. **Venir/revenir** - To come
28. **Appeler** - To call
29. **Faire** - To do
30. **Avoir besoin** - To need
31. **Obtenir** - To get
32. **Aller (va)** - To go

―――――

QUESTIONS

**1. Qui aide Jack à faire les courses?**

- a. Une femme blonde
- b. Une jolie femme
- c. Un vieil homme
- d. Un jeune homme

**2. Quelle est la forme du parfum choisi par Jack?**

- a. Ronde
- b. Rose
- c. Carré
- d. Sac

## 3. Qu'est-ce qui rend le parfum unique?

- a. Il est bon marché
- b. Il est musical
- c. Il est coûteux
- d. Il est automatique

## 4. Où Jack trouve-t-il la robe de l'affiche?

- a. Au premier étage du magasin
- b. Au deuxième étage du magasin
- c. Au troisième étage du magasin
- d. Au quatrième étage du magasin

## 5. Que fait la femme blonde avec les cadeaux?

- a. Elle les envoie à Kathryn.
- b. Elle les enveloppe de papier glacé
- c. Elle refuse de les vendre à Jack
- d. Elle les détruit

―――――

ANSWERS

1. **a.** Une femme blonde
2. **b.** Rose
3. **b.** Il est musical
4. **a.** Au premier étage du magasin

5. **b.** Elle les enveloppe de papier glacé

---

## ENGLISH TRANSLATION

Jack is still at the store. He desperately wants to buy an amazing gift for Kathryn's birthday and there is no other store around. He returns back to the ground floor and decides to look around each floor.

"What would you like to see sir?" a blond saleswoman asks Jack.

Jack walks towards the counter where the woman is. There are a number of fragrances on the shelf in beautiful bottles of different shapes. Jack likes the shapes. He picks up one bottle that is in the shape of a rose flower to smell the fragrance.

"You can try the tester sir. What you have in your hand is a new piece. Customers are not allowed to use these before purchase," the woman tells Jack and gives him the tester.

Jack takes the tester and sprays a little on his hand. The smell is heavenly. Jack wants to know the price before he can decide. He picks up the new bottle to see the price, but there is no mention of it there.

"What is the price of this one?" he asks the woman.

"This costs €150," she tells him.

Jack thinks it's expensive. He suddenly hears soft music playing from the bottle.

"Is this a musical bottle?" Jack asks in surprise.

"Yes, sir. Music plays when you touch the lid," she says.

Jack touches the lid and the music starts playing. He feels good about the bottle.

"Does this use batteries?" Jack enquires.

"No, sir. This is a new technology. As long as there is perfume in the bottle, the music will play every time you touch the lid. If you come back to us once your bottle is empty, we can refill it for you," she replies.

"But I live in the UK!"

"No worries. Just call us, and we will send you a refill pack by mail. You can easily fill it up yourself. It is very easy."

"This is amazing! But it's very expensive. Do you have a discount offer?"

"Not at the moment," the woman replies.

"Ok. Please keep this aside for me. I want to have a look at the rest of the products in the store before I make the final call," Jack says to the woman.

He walks ahead and finds shelves full of beauty products for women. There are nail varnishes, lipsticks, and a host of other cosmetic products. Jack is confused. He knows nothing about makeup. He tries to understand the products by reading the labels, but he finds it very difficult to choose the right one.

Jack then goes to the first floor. The saleswoman accompanies him. He realizes he was not on this floor previously.

"That was the fourth floor, sir. It's a women's only beauty salon and spa," the saleswoman explains before Jack says anything.

Jack smiles and moves ahead. The area is full of beautiful dresses. Jack is mesmerized. He becomes very excited as he stands there imagining Kathryn in all those dresses. He looks around carefully to see if he can find the dress from the poster outside of the store. After a bit of searching, he finally sees the exact dress.

"This is what I have been looking for. I need a small size in this dress, please," Jack says.

"Sure, sir," the woman says and brings a small size for Jack from the storeroom. "Will this be all? Or are you looking to buy something more?"

"No. That's about it. The perfume and this dress.".

"Good choice!"

"And a lot of money too! But it's fine. She'll be very happy," Jack says.

"Is it someone special?" the woman asks with a wide smile.

Jack smiles charmingly and nods.

"Then I will give you a beautiful gift wrap," the woman says with a wink.

Jack makes the payment and watches as the saleswoman creatively wraps the gifts in glossy paper.

# 9
# HIDE AND SEEK
## HOUSE AND FURNITURE

Rose, l'enseignante et ses douze élèves sont chez la **maison** de l'avocat. Ils sont tous réunis autour d'une **table** dans le **salon**. Leurs yeux sont fixés sur la main de l'avocat, il leur montre un tour de magie. Les enfants sont très intéressés par le tour.

« Je vais maintenant déposer ces pièces de monnaie dans ma main sur le **tapis**. Faites attention aux pièces. Gardez les yeux fixés sur elles quand elles quittent ma main et tombent sur le tapis en dessous. » dit l'avocat.

Tous les spectateurs sont curieux et excités. L'avocat s'assoit sur le **canapé** et libère une pièce de sa main. La pièce se déplace vers le bas, mais s'arrête dans l'air à mi-chemin. La pièce reste dans l'air et ne tombe pas.

« Wow! » s'écrient les enfants.

Il fait tomber une autre pièce et elle ne tombe pas non plus. Tous les enfants applaudissent avec étonnement.

« C'est incroyable ! » dit l'enseignante. « Comment avez-vous appris cela ? »

« Mon oncle était magicien, et il m'a appris des trucs. »

L'enseignante et l'avocat commencent à parler de magie et les enfants commencent à courir dans la maison de l'avocat. L'avocat est un homme riche. Son manoir est grand et somptueux. Il y a de beaux **rideaux** et de grandes fenêtres à la française dans le salon. Certains des enfants courent au foyer pour jouer. Il y a un bel aquarium là-bas et ils aiment regarder le poisson. Rose s'ennuie. Elle n'aime pas les tours de magie faciles. Alors, elle décide de passer son temps avec les enfants.

Trois filles sont dans la salle à manger en jouant à la maison. Rose se faufile et les regarde jouer. Elles jouent le rôle d'une mère et de ses deux filles. Elles ont une petite **cuisine** dans un coin où la mère cuisine. Les deux enfants attendent à table. Leur mère est sur le point de leur donner à manger.

C'est tout ce que Rose peut voir et cela ne l'aide pas à éloigner son esprit de son exposition à Berlin. Elle se demande pourquoi Jack n'est pas encore revenu avec les billets. Elle se promène dans la maison. Les **murs** sont ornés de belles peintures, Rose admire chacune d'elles. Rose aime une **peinture** en particulier. C'est une grande peinture en verre d'une femme avec son chien.

« Voulez-vous jouer à cache-cache avec nous ? » demande un petit garçon à Rose.

Rose est surprise. Elle ne sait pas quoi dire. Il y a longtemps qu'elle n'a pas joué à des jeux pour enfants.

« Vous n'aimez pas jouer à cache-cache ? » dit le garçon.

« Non, ce n'est pas vrai. J'ai beaucoup joué quand j'étais enfant comme toi », répond Rose.

« Jouez avec nous maintenant. »

« D'accord. Allez ! Jouons ! »

Le garçon court appeler tous les autres enfants. Ils courent vers Rose et le garçon dit :

« Nous nous cacherons autour de la maison et Rose commencera à nous chercher après 5 secondes. Prêt ? »

« Oui ! Commençons ! » crient tous les autres enfants avec enthousiasme.

« Ajoutons une touche au jeu », suggère Rose. « Ajoutons une limite de temps à la recherche. »

« Wow ! Ce sera très intéressant ! Combien de temps aurons-nous ? » demande un enfant.

« Dix minutes, d'accord ? » dit Rose.

« Oui ! », s'écrient les enfants avec enthousiasme.

« Je vais mettre un minuteur sur mon téléphone et quand il sonnera, votre temps est écoulé ! » dit Rose.

« D'accord ! » répondent-ils et le jeu commence.

Rose ferme les yeux et commence à compter, « 1… 2… 3… 4… 5… »

Tous les enfants se cachent autour de la maison. Rose commence à chercher.

« Où êtes-vous, les enfants ? » s'écrie Rose et ouvre la **porte** d'une **chambre**.

Elle regarde sous le **lit** et ne trouve personne. La chambre a des murs plats et pas de **meubles**, alors Rose sort et entre par la porte à côté. Celle-ci est sombre sans fenêtres, et il n'y a qu'une seule lampe allumée. Rose trouve la pièce un peu effrayante, mais elle regarde autour d'elle. Il n'y a pas d'enfants ici non plus. La maison de l'avocat a seulement un salon, une salle à manger et une cuisine autre que ces deux chambres au rez-de-chaussée. Elle entre dans la cuisine et trouve un grand **réfrigérateur**, quelque chose qui cuit dans le **four**, un lave-vaisselle rempli de **vaisselle**, comme des **assiette**s, des **bols** et des cuillères, et une femme plaçant une tranche de pain dans un **grille-pain**. Toutes les **étagères** et les zones de stockage sont sans volets, alors Rose décide de chercher ailleurs.

« Mais il n'y a nulle part ailleurs où chercher au rez-de-chaussée ! » s'émerveille Rose.

Elle regarde autour d'elle pour voir s'il y a un escalier menant au premier étage et elle en trouve un dans un coin. Il ne reste que cinq minutes à l'horloge, alors Rose se précipite dans les escaliers. Tout est calme là-bas. La première chose qu'elle trouve au premier étage, c'est une porte. Elle l'ouvre et c'est une salle de bain. Elle trouve la **salle de bain** assez bizarre. Il y a un **évier de cuisine** là, un **miroir** et une **télévision** cassée.

« Cela ressemble davantage à une réserve. Mais où sont les enfants ? » se demande Rose.

Elle sort de la salle de bain et voit que le reste du premier étage est complètement vide. Il y a des toiles d'araignées partout et il n'y a pas de **lumières** là-bas. Elle aperçoit une **chaise** et un **placard** dans un coin. Elle ouvre le placard et trouve deux boîtes de carton : dans une boîte il y a un **climatiseur** et dans l'autre un **radiateur**.

« Étrange ! » pense-t-elle.

Elle trouve aussi une **couette**, un coussin, des **draps**, des **taies d'oreiller** et des **housses de couette**.

La minuterie sonne et Rose n'a pas le temps de chercher les enfants. Rose décide d'abandonner et de fermer le placard. À ce moment-là, Rose remarque une porte à l'intérieur de l'armoire. Rose est très surprise de voir la porte.

« Cette maison est si mystérieuse. Dois-je ouvrir cette porte ? » pense-t-elle.

« Non. Ce n'est pas ma maison. Je ne devrais pas l'ouvrir. Mais où sont les enfants ? Pourquoi ne sortent-ils pas ? » se demande-t-elle.

Elle est confuse, mais elle décide finalement d'ouvrir la porte. Elle tourne la poignée, mais la porte est verrouillée. Elle cherche encore les enfants. Elle fouille à la fois le rez-de-chaussée et le premier étage, mais elle ne trouve pas les enfants. L'avocat et le professeur sont encore profondément dans la conversation sur la magie dans le salon. Rose s'inquiète pour les enfants. Elle se rend à la cuisine et demande à la femme : « Avez-vous vu les enfants quelque part ? »

« Je les ai vus jouer dans le **foyer** et dans la salle à manger il y a peu de temps », répond-elle en cuisinant quelque chose sur la **plaque chauffante**.

« Je les ai également vus à ce moment-là, mais après cela, nous avons commencé à jouer à cache-cache. Ils ne sont plus à la maison maintenant », dit Rose.

« Où peuvent-ils aller ? Ils doivent être juste ici. Laissez-moi chercher », dit la femme et commence à chercher.

Elle fouille toutes les pièces, mais on ne trouve pas les enfants. Rose est très anxieuse.

« Comment vais-je le dire à l'enseignante ? » demande Rose à cette autre femme.

« Ne vous inquiétez pas. Allez-y et dites-lui que ce n'est pas votre faute », dit la femme.

« Non. Je ne peux pas. C'est ma faute. Tous les parents me blâmeront. »

« Écoutez, Rose. Si vous le dites à l'enseignant tout de suite, nous pouvons commencer à chercher les enfants plus rapidement. L'avocat peut aussi nous aider. Alors, ne vous inquiétez pas. Il suffit d'aller leur dire », dit la femme.

Rose respire profondément et marche vers le salon.

———

## SUMMARY

Rose, la professeure et tous les douze enfants sont dans la maison de l'avocat. L'avocat leur montre des tours de magie et ils en profitent tous. L'avocat et la professeure commencent à parler de magie, mais Rose n'est pas intéressée par cette conversation. Rose décide de jouer à cache-cache avec les enfants. Ils discutent des règles du jeu et les enfants vont se cacher dans la maison. Rose est la chercheuse. Elle commence à chercher les enfants dans la cuisine, la chambre, les différentes parties du rez-de-chaussée, et même au premier étage de la maison. Malgré ses efforts, elle ne les trouve pas et devient anxieuse. Elle demande à une femme dans la cuisine de l'aider, mais elles sont toujours incapables de trouver les enfants.

---

## WORDS TO REMEMBER

-
1. **Maison** - House
2. **Canapé** - Sofa
3. **Table** - Table
4. **Table à manger** - Dining table
5. **Tapis** - Carpet
6. **Télévision** - Television
7. **Climatiseur** - Air-conditioner
8. **Radiateur** - Heater
9. **Évier de cuisine** - Kitchen sink
10. **Miroir** - Mirror
11. **Réfrigérateur** - Refrigerator
12. **Grille-pain** - Toaster
13. **Four** - Oven
14. **Placard** - Cupboard
15. **Étagères** - Shelves
16. **Rideaux** - Curtains
17. **Lumières** - Lights
18. **Salon** - Living room
19. **Chambre** - Bedroom

20. **Foyer** - Foyer
21. **Cuisine** - Kitchen
22. **Salle de bain** - Bathroom
23. **Lit** - Bed
24. **Taies d'oreiller** - Pillowcases
25. **Housses de couette** - Duvet covers
26. **Draps (de lit)** - Bed Sheets
27. **Plaque chauffante** - Hotplate
28. **Vaisselle** - Dishes
29. **Bols** - Bowls
30. **Plaques** - Plates
31. **Murs** - Walls
32. **Porte** - Door
33. **Meubles** - Furniture
34. **Peinture** - Painting
35. **Chaise** - Chair
36. **Couette** - Quilt

―――――

QUESTIONS

**1. Que fait le groupe dans le salon?**

- a. Dîner
- b. Regarder la télévision
- c. Regarder un tour de magie
- d. Jouer


**2. Quel objet l'avocat utilise-t-il dans sa magie?**

- a. Un papillon

- b. Une cuillère
- c. Une pièce de monnaie
- d. Un anneau

### 3. Quel jeu Rose joue-t-elle avec les enfants?

- a. Cache-cache
- b. Tennis
- c. Football
- d. Ludo

### 4. Où Rose cherche-t-elle d'abord les enfants?

- a. Sous le lit
- b. Derrière les rideaux
- c. Dans la salle de bain
- d. Dans l'armoire

### 5. Pourquoi Rose est-elle anxieuse?

- a. Parce qu'elle est malade
- b. Parce qu'elle ne trouve pas les enfants
- c. Parce qu'elle s'ennuie
- d. Parce qu'elle n'a pas d'amis

———

## ANSWERS

1. **c.** Regarder un tour de magie
2. **c.** Une pièce de monnaie
3. **a.** Cache-cache
4. **a.** Sous le lit
5. **b.** Parce qu'elle ne trouve pas les enfants

---

## ENGLISH TRANSLATION

Rose, the teacher, and her twelve students are at the lawyer's house. They are all gathered around a table in the living room. Their eyes are fixed on the lawyer's hand. He is showing them a magical trick. The children are very interested in the trick.

"I will now drop these coins in my hand on the carpet. Pay attention to the coins. Keep your eyes fixed on them as they leave my hand and fall down on the carpet below." the lawyer says.

All the viewers are curious and excited. The lawyer sits down on the sofa and releases one coin from his hand. The coin moves downwards but stops in the air mid-way. The coin stays in the air and doesn't fall down.

"Wow!" the children exclaim.

He drops another coin, and that doesn't fall as well. All the children clap their hands in amazement.

"This is amazing!" says the teacher. "How did you learn this?"

"My uncle was a magician, and I learnt tricks from him."

The teacher and the lawyer start talking about magic

and the children begin running around playing in the lawyer's house. The lawyer is a rich man. His mansion is large and lavish. There are beautiful curtains and large French windows in the living room. Some of the children run to the foyer to play. There is a beautiful fish tank there, and they enjoy watching the fish. Rose is bored. She doesn't enjoy easy magic tricks. So, she decides to spend her time with the children.

Three girls are in the dining area enjoying a game of playing house. Rose sneaks in and watches them play. They are role-playing a mother and her two daughters. They have a little kitchen in one corner where the mother is cooking. The two children are waiting at the dining table. Their mom is about to give them food. That's all Rose can see and it doesn't help to take her mind away from her exhibition in Berlin. She wonders why Jack hasn't returned with the tickets yet. She walks around the house. The walls are adorned with beautiful paintings. Rose admires each one of them. Rose loves one painting in particular. It is a large glass painting of a woman with her dog.

"Will you play hide and seek with us?" one little boy asks Rose.

Rose is surprised. She doesn't know what to say. It has been ages since she has played little children's games.

"You don't like playing hide and seek?" the boy says.

"No, that's not true. I played a lot of it when I was a child like you," Rose replies.

"Play with us now."

"Ok. Come on! Let's play!"

The boy runs to call all the other children. They excitedly run towards Rose and the boy says,

"We will hide around the house and Rose will start looking for us at the count of 5. Ready?"

"Yay! Let's begin." all the other children yell excitedly.

"Let's add a twist to the game," Rose suggests. "Let's add a time limit to the search."

"Wow! That will be very interesting! How much time will we have?" one child asks.

"Ten minutes. Ok?" Rose says.

"Yes," the children cry out excitedly.

"I'll put a timer on my phone and when it rings, your time is up!" says Rose.

"Ok!" they reply and the game begins.

Rose closes her eyes and starts counting, "1… 2… 3… 4… 5…"

All the children hide around the house. Rose starts searching.

"Where are you children?!" exclaims Rose and opens the door of one bedroom.

She looks under the bed and finds no one. The room has plain walls and no furniture, so Rose walks out and enters the door next to it. This one is dark without any windows, and there is just one burning lamp. Rose finds the room a bit scary but she looks around it. There are no children here either. The lawyer's house only has a living room, dining room, and a kitchen other than these two rooms on the ground floor. She walks into the kitchen and finds a large refrigerator, something cooking in the oven, a dishwasher full of dishes, like plates, bowls, and spoons, and a woman placing a slice of bread inside a toaster. All the shelves and storage areas are without shutters, so Rose decides to search elsewhere.

"But there is nowhere else to search on the ground floor!" Rose wonders.

She looks around to see if there is a flight of stairs leading to the first floor, and she finds one in a corner. There are only five minutes left on the clock, so Rose rushes up the stairs. Everything is quiet there. The first thing she finds on the first floor is a door. She opens it, and it is a bathroom. She finds the bathroom to be quite weird. There is a kitchen sink there, a mirror, and a broken television.

"This seems more like a storeroom. But where are the children?" Rose thinks to herself.

She walks out of the bathroom and sees that the rest of the first floor is completely empty. There are spiderwebs everywhere and there are no lights there. She spots a chair and a cupboard in one corner. She opens the cupboard and finds two carton boxes: in one box there is an air conditioner and in the other a heater.

"Strange!" she thinks.

She also finds a quilt, a cushion, bedsheets, pillowcases, and duvet covers.

The timer rings and Rose has no time to search for the children. Rose decides to give up and close the cupboard. Just then, Rose notices a door inside the cupboard. Rose is very surprised to see the door.

"This house is so mysterious. Shall I open this door?" she thinks.

"No. This is not my house. I should not open it. But where are the children? Why are they not coming out?" she wonders.

She is confused, but she finally decides to open the door. She turns the knob, and the door is locked. She looks for the children once again. She searches both the ground floor as well as the first floor, but she cannot find the children. The lawyer and the teacher are still deep in conversation about magic in the living room. Rose is worried about the children. She walks to the kitchen and asks the woman there, "Did you see the children anywhere around?"

"I saw them playing in the foyer and the dining room a

little while ago," she replies while cooking something on the hotplate.

"I also saw them at that time, but after that, we started playing hide and seek. They are not in the house now," Rose says.

"Where can they go? They must be just here. Let me search," the woman says and starts looking.

She searches every room, but the children are not to be found. Rose is very anxious.

"How will I let the teacher know?" Rose asks this other woman.

"Don't worry. Just go and tell her. It is not your fault," the woman says.

"No. I cannot. It is my fault. All the parents will blame me."

"Listen, Rose. If you tell the teacher right away, we can start looking for the children faster. The lawyer can also help us. So, don't worry. Just go and tell them," says the woman.

Rose takes a deep breath and walks towards the living room.

# 10
## THE SEARCH
QUESTION WORDS

Rose entre lentement dans le salon. Elle ne sait pas comment commencer. L'enseignante et l'avocat sont assis sur le canapé. Ils aiment leur conversation. Rose s'assoit sur une chaise à côté de l'enseignante.

« Nous parlons de magie. Il me parle de ses expériences réelles avec la magie. C'est vraiment fascinant », dit l'enseignante.

Rose gère un sourire.

« **Où** sont les enfants ? Permettez-moi de les divertir avec quelques trucs encore plus excitants ! » dit l'avocat.

« Oh oui ! Les enfants vont vraiment aimer ça ! Vous devriez aussi venir à notre école pour que d'autres enfants puissent profiter de votre magie ! » dit l'enseignante.

« Pas tout de suite, madame. Je vous contacterai une fois que je serai à la retraite », dit l'avocat en riant.

L'enseignante rit aussi. Rose est très bouleversée. Elle n'a pas le courage de parler des enfants à l'enseignante.

« **Combien** d'enfants avez-vous dans votre école ? » demande l'avocat.

« Il y a cinquante élèves. Je suis responsable des douze

élèves ici. Il y a trois autres enseignants pour s'occuper des autres. »

« Et **combien** gagnez-vous ? » demande l'avocat.

« Eh bien, beaucoup moins que vous. Je gagne juste assez pour subvenir à mes besoins et à ceux de ma mère. Nous vivons une vie simple. »

« Le vrai bonheur réside dans les choses simples de la vie, madame. Depuis **combien de temps** enseignez-vous ? »

« J'ai commencé quand j'avais vingt-deux ans et j'en ai cinquante maintenant. Cela fait donc bien vingt-huit ans. J'adore enseigner et j'aime passer du temps avec les enfants », dit l'enseignante.

« Oh ! vous avez cinquante ans ? Vous avez l'air toute jeune ! »

« Merci. C'est un merveilleux compliment. **Quel âge** avez-vous ? » dit l'enseignant en souriant.

« Pouvez-vous deviner ? » dit l'avocat.

« Hum. Environ quarante-cinq ? »

« Parfait ! J'ai quarante-cinq ans », dit l'avocat.

La professeure et l'avocat rient.

« **Comment se fait-il** que les enfants soient si calmes aujourd'hui ? » dit l'enseignante en regardant autour d'elle.

Le visage de Rose devient rouge. Elle commence à transpirer.

« Pourquoi avez-vous l'air si bouleversée ? Que s'est-il passé ? Vous avez l'air inquiète », demande l'avocat à Rose.

« Hum, rien. Je vais bien. En fait, il y a quelque chose que je veux vous dire à tous les deux », dit Rose.

« Oui, s'il vous plaît. Allez-y », dit l'avocat.

« Je jouais à cache-cache avec les enfants il y a peu de temps. J'étais le chercheur dans le jeu, et j'ai dit aux enfants de se cacher. J'ai fouillé toute la maison, mais on ne trouve pas les enfants. Oh, je suis vraiment désolée, madame », dit Rose en pleurant.

« Oh, mon Dieu ! Avez-vous cherché partout dans la maison? » dit la professeure, alarmée.

« Oui, je l'ai fait deux fois. Je ne sais pas où ils sont », dit Rose.

« Je vais avoir des ennuis. Où peuvent aller tous les enfants ? », dit l'enseignante en commençant à chercher les enfants autour de la maison.

Rose rejoint la professeure dans la recherche, tandis que l'avocat reste dans le salon, à réfléchir. Après environ quinze minutes, la professeure revient au salon.

« J'ai besoin de votre aide, monsieur », supplie-t-elle l'avocat. « Je ne peux pas trouver les enfants. Aidez-moi. »

« Avez-vous fouillé à l'extérieur de la maison ? Ils jouent peut-être dans la rue », dit l'avocat.

« Non, je ne l'ai pas fait. Mais je leur avais dit de rester à l'intérieur. Ils vont rarement à l'encontre de mes instructions », dit l'enseignante.

« Peut-être qu'aujourd'hui est cette rare occasion », dit l'avocat.

« Il a raison », dit Rose.

L'enseignante est d'accord et ils vont tous dans la rue pour fouiller. L'avocat les accompagne aussi. Dehors, tout est calme, la rue est complètement vide. La professeure monte et descend la colline en criant le nom de tous les enfants. « Tom ! Ted ! Johnny ! Lizzy ! Sortez, s'il vous plaît. Ne faites pas les imbéciles, les enfants! Cessez vos plaisanteries ! »

Il n'y a pas de réponse. Rose supplie aussi les enfants de sortir, « S'il vous plaît ! Nous vous cherchons tous ! »

L'avocat se tient dans la rue, regardant la scène. Il regarde autour, dans toutes les directions, mais ne dit rien.

« Les enfants ne sont pas dans la rue », dit l'avocat.

La professeure et Rose sont surprises d'entendre cela.

« **Pourquoi** dites-vous cela ? Où sont les enfants alors ? » demande l'enseignante.

« Ils sont dans la maison », répond l'avocat.

« Mais nous avons fouillé toute la maison. Les enfants ne sont sûrement pas à l'intérieur », dit l'enseignante.

« Ils ne sont pas chez moi. »

« Dans quelle maison sont-ils ? » demande Rose.

« La première maison dans la rue. »

« **À qui** appartient cette maison ? Et **comment** savez-vous que les enfants sont là ? » dit l'enseignante.

« Parce que je suis avocat. »

« Oh oui, certainement. Mais pourquoi les enfants iraient-ils là-bas au milieu d'une partie de cache-cache ? » demande Rose.

« Répondez à ma question. **À quelle distance** se trouve cette maison ? » demande l'avocat.

« Peut-être cinq minutes. Mais pourquoi demandez-vous ? » dit l'enseignant.

« **Quand** avez-vous vu les enfants pour la dernière fois? Et **qui** les a vus pour la dernière fois? » demande l'avocat à Rose.

« Je les ai vus avant le match. Mais je ne sais pas si quelqu'un d'autre les a vus après moi. »

« À **qui** ont-ils parlé en dernier ? »

« Je pense qu'ils m'ont parlé en dernier », dit Rose. Elle a très peur. « Mais je n'ai rien fait. Je ne sais pas qui les a emmenés. »

« Cela signifie que les enfants ne se sont pas cachés du tout. Dès que vous avez fermé les yeux, ils sont sortis de la maison en courant. En fait, ils voulaient que vous fermiez les yeux parce que vous les surveilliez. »

« **Pourquoi**? » dit Rose.

« Ils doivent être en danger ! Allons les sauver si vous

êtes sûrs qu'ils sont dans cette maison », dit l'enseignante, inquiète.

« Ils ne sont pas en danger », dit l'avocat.

« **Quoi**? » demande Rose.

« Cette maison est à moi. Les enfants et moi, nous vous avons fait une blague », dit l'avocat en riant.

«Ce n'est pas juste! Vous m'avez fait peur à mort», dit l'enseignante.

Ils se moquent tous.

———

## SUMMARY

Rose veut parler à l'enseignante des enfants disparus, alors elle rejoint l'avocat et l'enseignante dans le salon. Elle écoute leur conversation, mais est incapable de rassembler suffisamment de courage pour leur annoncer la nouvelle. Elle annonce enfin la nouvelle à l'avocat et à la professeure et ils commencent tous à chercher les enfants. L'enseignante est très anxieuse et inquiète. Ils cherchent nerveusement les enfants dans la maison et aussi dans la rue. L'avocat tente de les effrayer davantage et révèle finalement que les enfants sont en sécurité et que c'était une blague qu'il avait prévue avec eux.

———

## WORDS TO REMEMBER

-
1. **Quoi** - What
2. **Où** - Where
3. **Quand** - When

**4. Pourquoi** - Why
**5. Qui** - Who
**6. Qui** - Whom
**7. Comment se fait-il /Qu'est-il arrivé** - How come
**8. Comment** - How
**9. Lequel** - Which
**10. À qui** - Whose
**11. Combien** - How much
**12. Combien** - How many
**13. Pourquoi/Pour quelle raison** - What for
**14. Combien de temps** - How long
**15. Quel âge** - How old
**16. À quelle distance** - How far

———

QUESTIONS

**1. Quel âge a l'avocat?**

- a. Trente-cinq ans
- b. Quarante ans
- c. Quarante-cinq ans
- d. Cinquante ans

**2. Où Rose s'assoit-elle dans le salon?**

- a. Sur le canapé
- b. Sur le fauteuil
- c. Sur le divan
- d. Sur le tabouret

## 3. Que fait l'avocat lorsque l'enseignante l'invite à montrer ses tours de magie à son école?

- a. Il accepte l'invitation
- b. Il se met en colère
- c. Il insulte la professeure
- d. Il dit poliment qu'il le fera après sa retraite

## 4. Où l'avocat suggère-t-il de chercher les enfants?

- a. Dans la cuisine
- b. Dans le parc
- c. Dans la rue
- d. Dans le garage

## 5. Où se cachent les enfants?

- a. Dans l'armoire
- b. Dans la deuxième maison de l'avocat
- c. Sur la terrasse
- d. Personne ne sait

---

ANSWERS

1. **c.** Quarante-cinq ans

2. **b.** Sur la chaise
3. **d.** Il dit poliment qu'il le fera après sa retraite
4. **c.** Dans la rue
5. **b.** Dans la deuxième maison de l'avocat

---

ENGLISH TRANSLATION

Rose slowly walks into the living room. She doesn't know how to start. The teacher and the lawyer are seated on the sofa. They are enjoying their conversation. Rose sits on a chair next to the teacher.

"We are talking about magic. He is telling me about his real-life experiences with magic. It's really fascinating," the teacher says.

Rose manages a smile.

"Where are the children? Let me entertain them with a few more exciting tricks!" says the lawyer.

"Oh yes! The children will really enjoy it! You should also come over to our school so that other children can enjoy your magic!" the teacher says.

"Not just yet, madam. I will contact you once I retire," the lawyer says, laughing.

The teacher also laughs. Rose is very distressed. She doesn't have the courage to tell the teacher about the children.

"How many children do you have in your school?" the lawyer asks.

"There are fifty students. I am in charge of the twelve students here. There are three other teachers to take care of the remaining."

"And how much do you make?" the lawyer asks.

"Well, much less than you do. I make just enough to support myself and my mother. We live a simple life."

"Real happiness is in the simple things of life, madam. How long have you been teaching?"

"I started when I was twenty-two and I am fifty now. So it's been a good twenty-eight years. I love teaching and I enjoy spending time with children," says the teacher.

"Oh! You are fifty years old? You look quite young!"

"Thank you. That's a wonderful compliment. How old are you?" the teacher says smiling.

"Can you make a guess?" says the lawyer.

"Uhm. Around forty-five?"

"Perfect! I am forty-five." the lawyer says.

The teacher and the lawyer laugh.

"How come the children are so quiet today?" the teacher remarks looking around.

Rose's face turns red. She begins to sweat.

"Why are you looking so upset? What happened? You look worried," the lawyer asks Rose.

"Uhm, nothing. I am fine. Actually, there is something I want to tell you both," Rose says.

"Yes, please. Go ahead," the lawyer says.

"I was playing hide and seek with the children a little while ago. I was the seeker in the game, and I told the children to hide. I have searched the entire house but the children are not to be found. Oh, I am very sorry about this, madam," Rose says teary-eyed.

"Oh, my goodness! Did you search everywhere in the house?" says the teacher, alarmed.

"Yes, I did twice. I don't know where they are," says Rose.

"I am going to get in trouble. Where can all the twelve of them go?!" the teacher says as she starts looking for the children around the house.

Rose joins the teacher in the search, while the lawyer remains in the living room, thinking. After about fifteen minutes, the teacher comes back to the living room.

"I need your help, sir," she pleads with the lawyer. "I am unable to find the children. Please help me."

"Did you search outside the house? They might be playing on the street." the lawyer says.

"No, I didn't. But I had instructed them to stay inside. They rarely go against my instructions," says the teacher.

"Maybe today is that rare occasion," the lawyer says.

"He is correct," Rose says.

The teacher agrees and they all go out to the street to search. The lawyer also accompanies them. Everything outside is quiet. The street is totally empty. The teacher goes up and down the hill calling out the names of all the children. "Tom! Ted! Johnny! Lizzy! Come out, please. Don't play the fool, children! Stop your mischief!"

There is no answer. Rose also pleads with the children, "Please come out! We are all looking for you!"

The lawyer stands on the street, taking in the scene. He looks around in all directions but says nothing.

"The children are not on the street." The lawyer says.

The teacher and Rose are surprised to hear this.

"Why do you say this? Where are the children then?" asks the teacher.

"They are in the house." the lawyer replies.

"But we just searched the entire house. The children are surely not inside." the teacher says.

"They are not in my house."

"In which house are they?" Rose asks.

"The first house on the street."

"Whose house is that? And how do you know the children are there?" says the teacher.

"Because I am a lawyer."

"Oh yes definitely. But why would the children go there in the middle of a game of hide and seek?" Rose asks.

"Answer my question. How far is that house from here? " the lawyer asks.

"Maybe five minutes. But why are you asking?" says the teacher.

"When did you see the children last? And who do you think saw them last?" the lawyer asks Rose.

"I saw them before the game. But I don't know if anyone else saw them after me."

"To whom did they speak to last?"

"I think they spoke to me last," Rose says. She is very afraid. "But I didn't do anything. I don't know who took them away."

"This means that the children didn't hide at all. As soon as you closed your eyes, they ran out of the house. In fact, they wanted you to close your eyes because you were keeping a watch on them."

"What for?" says Rose.

"They must be in danger! Let's go and rescue them if you are sure that they are in that house." the worried teacher says.

"They are not in danger," the lawyer says.

"What?" Rose asks.

"That house is mine. The children and I played a prank on you both," the lawyer says, laughing.

"This is not fair! You scared me to death," the teacher says.

All of them laugh.

# 11

## THE WEEKEND
### LIKES & DISLIKES

L'aventure des enfants disparus est enfin terminée. L'enseignante est dans le garage de l'avocat avec les enfants. L'avocat dort dans sa chambre. Rose est dans la rue en profitant du soleil un vendredi après-midi chaud. Rose **aime** le soleil, mais ses yeux sont sur l'écran de son téléphone portable.

« Bonjour, Rose. La direction a envoyé un autre représentant de l'entreprise pour s'occuper de l'exposition. Vous pouvez retourner à Florence le plus tôt possible. Ne venez pas en Allemagne pour l'exposition. Merci. »

C'est le message sur son écran. Rose est très déçue. Elle **déteste** le système ferroviaire italien. Elle ne se sent pas sûre de son travail dans l'entreprise.

« Bonjour, Rose ! » lui dit une voix par derrière.

Elle ferme le message dans son téléphone et se retourne pour voir qui c'est. C'est Jack. Rose est extrêmement heureuse de le voir. Elle **aime** sa compagnie, donc elle est ravie qu'il soit de retour.

« Bonjour ! Quelle surprise ! Enfin, vous êtes de retour. Je suis heureux de vous voir », lui dit-elle.

Jack sourit et dit : « J'ai des billets pour Berlin pour nous tous. Vous, moi, la professeure et tous les enfants. Nous devrons partir pour l'aéroport dans une heure. L'aéroport est à deux heures de route de ce village. J'ai organisé deux taxis pour le voyage. Ils seront ici dans un moment. »

Rose ne dit rien. Elle n'a pas l'air excitée.

« Qu'y a-t-il ? N'êtes-vous pas heureuse de vous en sortir? » demande Jack.

« Mon entreprise a envoyé quelqu'un d'autre pour s'occuper de l'exposition à Berlin. Ils m'ont dit de retourner à Florence. Je ne pense donc pas pouvoir me joindre à vous. » dit Rose.

« Oh… »

« Oui. Je viens de recevoir un message de mon collègue. Je suis désolée du problème. Je vais vous payer mon billet. »

« Ne vous inquiétez pas ! Que comptez-vous faire maintenant? »

« Je n'ai encore rien planifié. »

« Il n'y a pas de vol direct vers Florence depuis cet aéroport », dit Jack.

« Laissez-moi voir ce que je peux faire. Demain c'est samedi, alors je peux prendre mon temps pour me rendre à Florence. Je dois aller travailler seulement le lundi. »

« Oui. J'ai moi aussi reporté mes réunions à lundi. Il sera tard lorsque j'atterrirai à Berlin ce soir. Ce ne serait donc pas juste pour le client. » Jack explique.

« N'y a-t-il pas un vol pour Berlin pendant la journée ? »

« Malheureusement, non. »

« Nous sommes donc tous libres pendant la fin de semaine », déclare Rose.

« Oui », dit Jack en souriant.

« Vous êtes très chanceux. Vous pouvez profiter de votre fin de semaine à la manière allemande. »

« Oui, mais **je ne préfère** pas être seul en vacances. »

« Oh, je suis le contraire. Voyager seul **ne me dérange** pas. Je suis plus précise sur la destination que sur les gens », dit Rose.

« **Je préfère** passer des vacances reposantes. Passer du temps sur la plage, dans la piscine, et profiter du sable et des vagues sont mes activités préférées. »

« **Je préférerais** passer ma journée au musée à admirer des œuvres d'art et à en apprendre davantage sur l'histoire et la culture. **Je déteste** être oisive », dit Rose.

Jack rit. « Vous êtes vraiment mon opposée polaire », dit-il.

« **Je veux** faire un voyage en solo en Afrique », dit Rose avec enthousiasme.

« Qu'**aimeriez-vous** y voir ? »

« **J'adore** la faune ! Je peux passer toute la journée à observer les animaux et les oiseaux ! »

Jack sourit. « Encore des contraires ! »

« Pourquoi ? **Détestez**-vous la faune ? » demande Rose.

« **Je ne supporte pas** les animaux. J'ai été attaqué par un serpent quand j'étais très jeune et mes expériences avec les animaux de compagnie aussi n'ont pas été géniales », dit Jack.

« Vous devriez faire une randonnée dans la forêt amazonienne une fois. Je suis sûr que vous allez tomber amoureux de tout ce qui est sauvage. »

« **Jamais** ! **Je ne peux tolérer** l'odeur des animaux même pendant une minute. »

« **Je suis fou des** singes et des perroquets. Oh, je les

aime tellement ! Quelle est la seule chose dans la vie **qui vous rend fou**? » demande Rose.

« La mer et ma petite amie », dit Jack.

« **Je ne supporte pas** la sensation de sable sur ma peau. Mais moi aussi, je veux être folle d'un petit ami. » dit Rose.

« Être amoureux, c'est beau ! » s'écrie Jack.

« J'aime le sentiment d'être amoureuse ! J'espère pouvoir en faire l'expérience bientôt. »

« N'avez-vous jamais été amoureuse ? »

« Non, **pas du tout** ! »

« Je suis certain que vous le serez très bientôt. Et quand vous le serez, vous commencerez à aimer la mer », dit Jack.

« Où avez-vous rencontré votre petite amie ? À la plage ? »

« **Beaucoup**! Comment avez-vous deviné ? »

Rose sourit et dit : « Ton amour brille dans tes yeux. »

Jack sourit.

« Ne serait-il pas amusant d'aller en vacances ensemble ? Maintenant que nous sommes amis, je pense que **nous devrions** le faire. »

« Amusant ou pas, je ne sais pas, mais ce sera sûrement une aventure », dit Jack.

Ils rient tous les deux.

« J'ai une idée incroyable ! » dit Rose.

« Quoi ? »

« Faisons de cette fin de semaine une aventure ! Puisque nous sommes tous les deux libres, amusons-nous ! » dit Rose.

« Eh bien, oui ! Bonne idée ! » dit Jack.

Rose est excitée et ouvre une carte sur son téléphone.

———

## SUMMARY

Rose reçoit un message de son entreprise disant que quelqu'un d'autre de son bureau a été choisi pour assister à l'exposition. Elle est bouleversée. Jack arrive et elle lui en parle. Jack lui parle du changement dans son horaire de réunion. Ils discutent de leurs préférences de voyage et décident de passer la fin de semaine ensemble.

―――――

## WORDS TO REMEMBER

-
1. **Aime** - Likes
2. **Détester/Ne pas aimer** - Dislike
3. **J'adore**- I adore
4. **Je déteste** - I detest
5. **Je préfère** - I prefer
6. **Je ne préfère pas** - I don't prefer
7. **Je ne supporte pas** - I can't stand
8. **Ne me dérange pas** - I don't mind
9. **Je ne peux pas tolérer** - I cannot tolerate
10. **Je veux** - I want
11. **Voudriez vous/aimeriez-vous** - Would you like
12. **Je ne peux pas supporter**- I can't bear
13. **Beaucoup** - Very much
14. **Pas du tout** - Not at all
15. **Jamais** - Never
16. **Qui vous rend fou** – You are mad after
17. **Je suis folle de** - I'm crazy after
18. **Aime** - Loves

19. **Elle déteste** - She hates
20. **Je préférerais** - I would rather
21. **Nous devrions** - We should

---

## QUESTIONS

### 1. Qu'est-ce que le collègue de Rose l'informe par message?

- a. Que l'exposition est annulée
- b. Que l'exposition est reportée
- c. Que Rose a été congédiée
- d. Que Rose n'a plus besoin de se rendre à Berlin pour l'exposition

### 2. Que fait Jack au sujet de ses réunions?

- a. Il les reporte à lundi
- b. Il les annule
- c. Il les reporte de quelques heures
- d. Il les reporte à vendredi

### 3. Qu'est-ce que Rose déteste?

- a. Être inactive pendant les vacances
- b. Visiter un musée en vacances
- c. Apprendre l'histoire pendant les vacances
- d. Apprendre la culture pendant les vacances

**4. Lequel des énoncés suivants est vrai?**

- a. Rose et Jack sont du même genre
- b. Rose et Jack sont opposés
- c. Rose et Jack sont des ennemis
- d. Rose est la petite amie de Jack

**5. Qu'est-ce que Rose et Jack décident de passer ensemble?**

- a. Les vacances d'été
- b. Noël
- c. La fin de semaine
- d. Lundi soir

―――――

ANSWERS

1. **d.** Que Rose n'a plus besoin de se rendre à Berlin pour l'exposition
2. **a.** Il les reporte à lundi
3. **a.** Être inactive pendant les vacances
4. **a.** Rose et Jack sont opposés
5. **c.** La fin de semaine

―――――

## ENGLISH TRANSLATION

The adventure of the missing children is over. The teacher is in the lawyer's garage with the children. The lawyer is asleep in his room. Rose is on the street enjoying the sunshine on a warm Friday afternoon. Rose loves the sun but her eyes are on her mobile phone's screen.

"Hi, Rose. The management has sent another representative from the company to take care of the exhibition. You can return back to Florence at the earliest available opportunity. Please do not come to Germany for the exhibition. Thank you."

This is the message on her screen. Rose is very disappointed. She hates the Italian rail system. She feels insecure about her job in the company.

"Hello, Rose!" a voice calls out to her from behind.

She shuts the message in her phone and turns around to see who it is. It's Jack. Rose is extremely happy to see him. She likes his company, so she is delighted that he is back.

"Hi! What a surprise! Finally, you're back. I'm glad to see you," she tells him.

Jack smiles and says, "I have tickets to Berlin for all of us. You, me, the teacher and all the children. We will have to leave for the airport in an hour. The airport is a two-hour drive from this village. I have arranged two cabs for the journey. They will be here in a while."

Rose says nothing. She doesn't look excited.

"What's the matter? Are you not happy you're going to make it?" Jack asks.

"My company has sent someone else to handle the exhibition in Berlin. They have told me to return to Florence. So I don't think I can join you." says Rose.

"Oh… "

"Yes. I just received a message from my colleague. I am sorry about the trouble. I will pay you for my ticket."

"No worries! So what do you plan to do now?"

"I haven't planned anything yet."

"There is no direct flight to Florence from this airport," Jack says.

"Let me see what I can do. Tomorrow is Saturday, so I can take my time to reach Florence. I have to go to work only on Monday." Rose says.

"Yes. I too have postponed my meetings to Monday. It will be late by the time I land in Berlin tonight. So, it wouldn't be fair for the client." Jack explains.

"Isn't there a flight to Berlin during the day?"

"Unfortunately, no."

"So we're all free during the weekend," Rose remarks.

"Yes." Jack says smiling.

"You are so lucky. You can enjoy your weekend the German way." Rose says.

"Yeah, but I don't prefer holidaying alone."

"Oh, I am the opposite. I don't mind traveling alone. I am more particular about the destination than the people," Rose says.

"I prefer relaxing holidays. Spending time on the beach, in the pool, and enjoying the sand and the waves are my favorite activities."

"I would rather spend my day in the museum admiring art pieces and learning about history and culture. I detest being idle," Rose says.

Jack laughs. "You are truly my polar opposite," he says.

"I want to go on a solo trip to Africa," Rose says excitedly.

"What would you like to see there?"

"I adore wildlife! I can spend all day watching animals and birds!"

Jack smiles. "Opposites again!"

"Why? Do you dislike wildlife?" Rose asks.

"I can't stand animals. I was attacked by a snake when I was very young, and my experiences with pets haven't been great too." Jack says.

"You should go on a trek in the Amazon rainforest once. I am sure you will fall in love with everything wild."

"Never! I cannot tolerate the smell of animals even for a minute."

"I am crazy about monkeys and parrots. Oh, I love them so much! What's the one thing in life you are mad about?" Rose asks.

"Uhm… The sea and my girlfriend," Jack says.

"I can't bear the feeling of sand on my skin. But I too want to be crazy about a boyfriend," Rose says.

"Being in love is beautiful!" Jack exclaims.

"I love the feeling of being in love! I hope I get to experience it soon." Rose says.

"Haven't you been in love ever?"

"No. Not at all!"

"I am certain you will very soon. And when you do, you will start loving the sea." Jack says.

"Where did you meet your girlfriend? On the beach?"

"Very much! How did you guess?"

Rose smiles and says, "Your love shines in your eyes."

Jack smiles.

"Wouldn't it be fun to go on a holiday together? Now that we are friends, I think we should."

"Fun or not I don't know, but it will surely be an adventure," Jack says.

Both of them laugh.

"I have an amazing idea!" Rose says.

"What?"

"Let's make this weekend that adventure! Since both of us are free, let's have some fun!" Rose says.

"Well, yeah! Good idea!" Jack says.

Rose is excited and opens a map on her phone.

# 12
## THE ADVENTURE
PREPOSITIONS + TO BE/TO HAVE

Jack et Rose regardent la carte de l'Italie et des pays qui l'entourent. Il y a tellement d'endroits où aller, ils se sentent confus. Ils sont incapables de décider lequel, **parmi** les différents endroits, est bon pour eux.

« Je pense que ce n'est pas une bonne idée d'utiliser cette carte pour choisir une destination », dit Rose.

« Je suis d'accord. Que faisons-nous alors ? » dit Jack.

« Je ne pense pas qu'il y ait d'agent de voyage ici qui puisse nous aider. »

« Il y en a un. »

« Qui est-ce ? Connaissez-vous l'adresse de leur bureau ? » demande Rose.

« Oui, c'est monsieur Google. Et il vit ici, dans ma poche », plaisante Jack.

Rose rit. Elle s'amuse. Jack ouvre son téléphone et commence à naviguer.

« **Nous avons** donc deux jours de libres. Voulez-vous faire un voyage d'une journée ou de deux jours ? » demande Jack.

« Puisque nous devons tous les deux nous rendre à

Florence, nous pouvons faire un voyage dans un endroit proche de la ville. Après avoir passé le samedi et la moitié du dimanche **à** notre destination, nous pourrions nous rendre directement à Florence **à partir de** là. Qu'en pensez-vous ? »

« Excellente idée ! » dit Jack.

« **Je suis** une personne aventureuse. J'adore les surprises ! Alors, faisons-le. Planifiez le voyage, mais ne me dites rien maintenant. Ce sera très amusant ! » dit Rose.

« **Êtes-vous** certaine de vouloir vous fier à mon choix ? Nous nous connaissons à peine. »

« Je suis tout à fait certaine. Nous ne nous connaissons pas très bien, mais **nous** ne **sommes** pas non plus des étrangers. »

« Très bien, alors ! Je vais le faire. »

« Mais s'il vous plaît, n'incluez pas les voyages en train ou en avion. Nous ne voulons pas de retards ni d'escales. Mon patron me congédiera sûrement si je ne me rends pas **au** travail lundi matin », dit Rose.

« Terminé ! Préparez-vous pour l'aventure ! » dit Jack en un clin d'œil.

Rose, **elle est** impatiente de savoir où Jack l'emmènera.

« **Avant de** commencer à réserver, je pense que nous devrions demander à l'enseignante et aux enfants s'ils aimeraient se joindre à nous pour ce voyage. »

« Uhm… Je pense que oui. Mais je pense qu'ils ne voudront pas venir avec nous. L'enseignante a un horaire qu'elle doit suivre », dit Rose, en pensant secrètement qu'elle ne veut pas d'eux sur ce voyage.

« Permettez-moi tout de même de poser la question à l'enseignante » dit Jack alors qu'il commence à marcher **vers** le garage. Rose s'assoit sur un rocher sous un arbre et attend son retour. Elle a des sentiments pour Jack maintenant. Elle le regarde marcher **à côté de** la rangée de buissons de fraises puis dans le garage. Elle rêve du voyage alors qu'elle regarde les belles branches au-dessus d'elle, dansant dans le vent.

« **Il est** si charmant ! » se dit-elle.

**Après** environ une dizaine de minutes, Jack sort du garage avec la professeure. Les douze enfants sont derrière eux et **ils ont** leurs sacs dans leurs mains. Elle regarde la professeure et lui sourit, mais **dans** son cœur, elle n'est pas heureuse parce qu'elle sait que la professeure et les enfants viennent avec eux.

« Faites vos valises, Miss Rose ! Nous partirons **dans** 30 minutes. Nous devons atteindre notre destination avant la tombée de la nuit », lui dit Jack.

« Oh oui ! Je suis tellement excitée ! Je serai prête. »

Elle passe à côté du groupe et entre chez l'avocat pour aller chercher ses sacs. Elle sort rapidement son sac de sous la table et y range ses affaires. Elle passe ensuite un peigne **à travers** ses cheveux noirs brillants et sort de la maison avec ses sacs. Elle voit une voiture vide stationnée et une camionnette où les enfants sont assis avec leur professeure. Elle regarde les visages innocents des enfants et se sent triste. Elle se rend compte qu'elle était égoïste. Elle veut maintenant qu'ils viennent en voyage. L'enseignante saute du fourgon et accourt **vers** Rose.

Elle place la main de Rose **entre** les siennes et dit : « C'était vraiment un plaisir de vous rencontrer et de passer du temps **avec** vous. J'espère vous revoir. »

« Est-ce que vous et les enfants ne vous joignez pas à notre voyage ? » demande Rose, surprise.

« Non, ma chère. Nous devons partir. »

« **J'ai** une idée ! Pourquoi ne vous joignez-vous pas à nous pour une journée, puis partez ? Vous avez deux jours avant la semaine scolaire. Je pense que Jack vous a parlé du voyage, n'est-ce pas ? **Il a** prévu quelque chose de vraiment excitant ! »

« L'école et les parents **de** ces enfants veulent que nous revenions immédiatement. **Ils sont** inquiets pour les petits », dit l'enseignante.

Rose donne une étreinte **à** l'enseignante et aux enfants. L'avocat et Jack leur disent également au revoir. La fourgonnette transportant l'enseignante et ses élèves démarre et s'éloigne. Jack et Rose remercient également l'avocat pour sa gentillesse et son hospitalité. Ils chargent leurs bagages dans la voiture stationnée et partent. L'avocat regarde la voiture descendre la colline et disparaître au loin.

---

## SUMMARY

Jack et Rose commencent à planifier un week-end. Rose dit qu'elle aime les surprises et les aventures et elle demande à Jack de planifier le voyage sans lui en parler. L'enseignante et les douze enfants ne les rejoignent pas. Tout le groupe fait ses adieux à l'avocat et quitte le village.

---

## WORDS TO REMEMBER

-
1. **Je suis** - I am
2. **Tu es/Vous êtes** - You are
3. **Elle est** - She is
4. **Nous sommes** - We are
5. **Ils/Elles sont** - They are
6. **Il est** - He is

7. **J'ai** - I have
8. **Tu as/Vous avez** - You have
9. **Il a** - He has
10. **Nous avons** - We have
11. **Ils/Elles ont** - They have
12. **À** - To
13. **Autour de** - Around
14. **Dans** - Within
15. **Vers** - Towards
16. **Avant de** - Before
17. **Dans** - In
18. **À** - At
19. **À partir de** - From
20. **Avec** - With
21. **Au** - On
22. **Au dessus** - Above
23. **De** - Of
24. **Sous de** - Under
25. **Parmi** - Among
26. **Dans** - Into
27. **À côté de** - Beside
28. **Hors de** - Out of
29. **Après** - After
30. **À travers/Par** - Through
31. **Entre** - Between
32. **Au dessous de** - Below

---

QUESTIONS

**1. Quel agent de voyage Jack recommande-t-il pour planifier le voyage?**

- a. Monsieur Walker
- b. Monsieur Butler
- c. Monsieur Cook
- d. Monsieur Google

**2. Qui planifie le voyage?**

- a. L'agent de voyage
- b. Jack
- c. Rose
- d. L'avocat

**3. Lequel des énoncés suivants est vrai?**

- a. Rose éprouve des sentiments particuliers pour Jack
- b. Jack aime Rose
- c. Rose est la sœur de Jack
- d. Jack et Rose sont des ennemis

**4. Pourquoi l'enseignante refuse-t-elle de participer au voyage?**

- a. Parce qu'elle déteste Rose
- b. Parce qu'elle n'aime pas les vacances
- c. Parce que l'école et les parents des enfants veulent qu'ils reviennent immédiatement

- d. Parce que les enfants ne veulent pas faire le voyage

### 5. Comment Jack et Rose quittent-ils le village?

- a. En fourgonnette
- b. En train
- c. En avion
- d. En voiture

---

ANSWERS

1. **d.** Monsieur Google
2. **b.** Jack
3. **a.** Rose a des sentiments particuliers pour Jack
4. **c.** Parce que l'école et les parents des enfants veulent qu'ils reviennent immédiatement
5. **d.** En voiture

---

ENGLISH TRANSLATION

Both Jack and Rose look at the map of Italy and the countries around it. There are so many places. They feel confused. They are unable to decide which one, among the various places, is right for them.

"I think using this map to choose a destination is not a good idea," Rose says.

"I agree. What do we do then?" says Jack.

"I don't think there is any travel agent here who can help us."

"There is one."

"Who is it? Do you know their office address?" Rose asks.

"Yeah! He is Mr. Google. And he lives right here, in my pocket," Jack jokes.

Rose laughs. She is amused. Jack opens his phone and begins browsing.

"So we have two days to spare. Do you want to take a one-day trip or a two-day one?" Jack asks.

"Since we both have to travel to Florence, we can take a trip to a place close to the city. After spending Saturday and half of Sunday at our chosen destination, we can travel straight to Florence from there. What do you think?"

"Great idea!" says Jack.

"I am an adventurous person. I love surprises! So, let's do this. You plan the trip, but don't tell me anything now. It will be great fun!" Rose says.

"Are you sure you want to rely on my choice? We barely know each other."

"I'm completely sure. We don't know each other well, but we are not strangers either."

"All right, then! I will do it."

"But please don't include train or plane journeys. We don't want any more delays and layovers. My boss will surely fire me if I don't get to work on Monday morning," Rose says.

"Done! Get ready for the adventure!" Jack says with a wink.

Rose is eager to know where Jack will take her.

"Before I start booking, I think we should ask the

teacher and the children if they would like to join us on this trip."

"Uhm... I think so, yes. But I think they will not want to come along with us. The teacher has a schedule that she must follow," says Rose. She doesn't want them on this trip.

"Let me just ask the teacher once," Jack says and begins walking towards the garage. Rose sits down on a rock under a tree and waits for him to return. She has feelings for Jack now. She watches him as he walks beside the row of strawberry bushes and into the garage. She dreams about the trip as she gazes at the beautiful branches above her dancing in the wind.

"He is so charming!" she thinks to herself.

After about 10 minutes, Jack walks out of the garage with the teacher. All the twelve children are behind them and they have their bags in their hands. She looks at the teacher and smiles, but within her heart, she is not happy because she knows the teacher and the children are coming along with them.

"Pack your bags, Miss Rose! We will leave in 30 minutes. We have to reach our destination before nightfall," Jack tells her.

"Oh yes! I am so excited! I will be ready."

Off she goes past the group and into the lawyer's house to fetch her bags. She quickly pulls out her bag from below the table and puts in her belongings. She then runs a comb through her glossy black hair and steps out of the house with her bags. She sees an empty waiting car and a van where the children are seated with their teacher. She looks at the innocent faces of the children and feels sad. She realizes that she was being selfish. She now wants them to come along on the trip. The teacher jumps out of the van and comes running towards Rose.

She places Rose's hand between hers and says, "It was

really a pleasure meeting you and spending time with you. I hope to see you again."

"Are you and the children not joining us on our trip?" Rose asks in surprise.

"No, dear. We have to go."

"I have an idea! Why don't you join us for a day and then leave? You have two days before the school week. I think Jack spoke to you about the trip, right? He has planned something really exciting!"

"The school and the parents of these children want us to return immediately. They are worried for the little ones," says the teacher.

Rose hugs the teacher and the children. The lawyer and Jack too, they bid them goodbye. The van carrying the teacher and her students speeds away. Jack and Rose also thank the lawyer for his kindness and hospitality. They load their bags into the waiting car and depart. The lawyer watches as the car travels downhill and disappears into the distance.

# 13
# THE WEEKEND TRIP
## TRANSITION WORDS

Jack et Rose sont dans la voiture. Le portable de Jack sonne et il répond.

« Bonjour ! »

L'homme de l'autre côté dit une chose à laquelle il répond : « Dans une quinzaine de minutes je crois. »

« Ils doivent lui demander à quelle distance nous sommes de la destination ! **Mais** qui lui demande cela ? » s'émerveille Rose.

« Nous avons deux sacs. Nous sommes deux, **donc** un sac chacun. » Jack dit à l'homme.

« Deux sacs ! Est-ce que cela veut dire que nous prenons l'avion ! Je lui ai dit de ne pas réserver d'avion ou de train ! » se dit Rose.

« Bien sûr ! Merci. »

Jack raccroche.

Il regarde Rose et elle sourit. Il ne dit rien et tous les deux passent leur temps à observer le paysage.

« Les voyages en voiture sont un excellent moyen de voir la vraie beauté naturelle d'un pays ! L'Italie est très belle. » dit Jack.

« En effet ! Il y a tellement de belles occasions pour prendre des photos ici », fait remarquer Rose.

« Il y en aura beaucoup d'autres », dit Jack.

« Vraiment ? Je suis tellement excitée par la surprise ! »

« J'espère que vous serez agréablement surprise ! » dit Jack en croisant les doigts.

« Ne vous inquiétez pas ! Tout ira bien ! » dit Rose. « Il n'y aura plus de mésaventures maintenant », ajoute-t-elle.

« Je l'espère », dit Jack.

**Tout d'un coup**, la voiture s'arrête au milieu de la route.

« Que s'est-il passé ? » demande Jack au conducteur.

« Je pense qu'il y a un problème avec le moteur », répond le conducteur.

« Oh, mon Dieu ! Pas encore ! » dit Rose, irritée. « Que ferons-nous maintenant sur cette route déserte ? Comment atteindrons-nous notre destination ? » ajoute-t-elle.

« Nous sommes au milieu de la route ! Nous devons **d'abord** pousser la voiture sur le côté », dit Jack en silence.

« Oui, oui ! Pourriez-vous m'aider, monsieur ? » demande le chauffeur à Jack.

« Bien sûr ! » dit Jack. Rose sort de la voiture et les deux hommes poussent le véhicule sur le côté de la route.

« Laissez-moi inspecter la voiture ! » dit le conducteur avant d'ouvrir le capot.

Rose est très contrariée. « Vous avez dit aimer les aventures, n'est-ce pas ? » dit Jack en souriant.

« Oui, mais pas encore une fois. C'est la **deuxième** fois que nous sommes coincés à mi-chemin. »

« Ne vous inquiétez pas ! Nous atteindrons notre destination **malgré** tous les obstacles. Profitez de chaque étape du voyage. **Après tout**, ce sont des moments comme ceux-ci qui rendent un voyage mémorable », assure Jack.

« Il y a un problème avec la batterie. Je dois appeler un mécanicien », interrompt le conducteur.

« Combien de temps cela prendra-t-il ? » demande Jack.

« **Comme** nous sommes dans un endroit éloigné, il faudra peut-être un certain temps pour trouver un mécanicien. **Cependant**, je doute que le mécanicien puisse corriger le problème », dit le conducteur.

« Êtes-vous en train de dire qu'il faudra plus d'une heure pour corriger la situation ? » demande Jack.

« **Sans aucun doute**. **En fait**, le mécanicien pourrait même vouloir amener la voiture à son atelier pour faire la réparation. »

« Oh non ! Que ferons-nous **alors** ? » dit Rose, déçue.

« Ummm. Vous pouvez essayer de réserver un autre taxi. **Si** vous voulez bien attendre un peu, vous pouvez rester ici jusqu'à ce que le mécanicien arrive et voir ce qu'il dit. **Parce que d'une façon ou d'une autre**, vous devrez attendre même si vous choisissez de réserver un autre taxi », suggère le conducteur.

« Je pense que ce n'est pas une mauvaise idée d'attendre », dit Jack qui regarde Rose.

« D'accord, mais que ferons-nous ici pendant si longtemps ? Il commence aussi à faire noir », dit Rose.

« Si votre destination n'est pas particulière, j'ai une idée ! Il y a un hôtel à proximité. Vous pouvez y passer la nuit, **puis** partir pour votre destination demain matin », dit le chauffeur.

« Ce n'est pas une mauvaise idée, Rose ! » dit Jack.

« La vie est vraiment imprévisible ! Nous avons décidé d'éviter les trains et les avions **pour cette raison**, et ces obstacles nous suivent ici aussi. C'est tellement injuste. » dit Rose.

« **Même si** cet endroit n'est pas celui où nous voulions être, nous pouvons **finalement** vivre les mêmes aventures », dit Jack.

« Comment ? » demande Rose.

« Ce que j'avais prévu, c'était un voyage en camping dans la forêt. Et je viens de découvrir avec l'aide de monsieur Google qu'il y a une forêt ici aussi. Bien que ce ne soit évidemment pas la même chose que celle-là, cela peut finir par nous donner le même genre d'expérience amusante. »

Rose est immédiatement d'accord. Elle est de nouveau heureuse.

« Je viens de recevoir un message de ma compagnie. Le mécanicien sera ici dans environ 30 minutes », dit le conducteur.

« C'est merveilleux ! » dit Rose.

« Le mécanicien aura une voiture, **alors** je vous déposerai à l'hôtel dans sa voiture. C'est un homme très gentil. Cela ne le dérangera pas », dit le conducteur.

« Merci beaucoup. »

Jack sourit.

« Il y a des choses intéressantes à faire ici si cela vous intéresse », dit le conducteur.

« Comme quoi ? » demande Rose.

« Ce sont des petites choses, rien de majeur. **Par exemple**, à environ un kilomètre au nord d'ici, il y a un magnifique endroit pour faire un pique-nique. Il y a cette forêt dont vous venez de parler. Il y a aussi des fermes ici **si** vous voulez faire l'expérience de la vie de village. Et **enfin**, il y a une bonne diseuse de bonne aventure à proximité qui est vraiment incroyable pour prédire l'avenir. Ces activités pourraient être un bon passe-temps pour vous deux

**pendant** que vous attendez que le mécanicien arrive. Il y a aussi un petit parc aquatique ici. Mais **à cause** de la destruction causée par la tempête, il n'est plus opérationnel », dit le conducteur.

« Une diseuse de bonne aventure ! Wow ! Cela semble vraiment intéressant ! » dit Rose. « Qu'en dites-vous, Jack? Y allons-nous maintenant ? »

« D'accord ! Je ne crois pas à la bonne aventure, **mais** elle peut être divertissante », dit Jack.

« Certainement ! Vous apprécierez le temps que vous passerez avec elle ! Elle habite tout près », remarque le chauffeur.

« **Enfin**, quelque chose d'excitant à faire ! » dit Rose.

Jack sourit et dit au conducteur : « Pouvez-vous s'il vous plaît nous montrer le chemin de chez elle ? »

« Vous êtes nouveau ici, et la route est un peu compliquée. **Par conséquent**, il est préférable que vous me suiviez. Je vous y emmènerai. Ce n'est pas très loin. » répond le conducteur.

Jack et Rose sont d'accord et le chauffeur les mène à la maison de la diseuse de bonne aventure.

---

SUMMARY

Jack et Rose sont dans la voiture. Ils sont en route vers une destination qui est une surprise pour Rose. La voiture s'arrête soudainement à mi-chemin et le conducteur dit que le problème prendra beaucoup de temps à résoudre. Le conducteur leur donne plusieurs solutions alternatives. Jack et Rose décident enfin de passer la nuit dans un hôtel voisin et d'explorer la forêt pendant le week-end.

## WORDS TO REMEMBER

1. **Mais** - But
2. **Comme ça/Alors** - So
3. **Tout d'un coup** - All of a sudden
4. **D'abord** - First
5. **Deuxième** - Second
6. **Malgré** - Despite
7. **Depuis/Comme** - Since
8. **Toutefois/Cependant** - However
9. **Sans aucun doute** - Without a doubt
10. **Finalement** - Eventually
11. **Pendant** - While
12. **En fait** - In fact
13. **Alors/Puis** - Then
14. **Si** - If
15. **Parce que** - Because
16. **Dune façon ou d'une autre** - Either way
17. **Après tout** - After all
18. **Pour cette raison** - For this reason
19. **Même si** - Even though
20. **Finalement** - Ultimately
21. **Par exemple** - For example
22. **Enfin** - Lastly
23. **Par conséquent** - As a result
24. **Enfin** - Finally
25. **Donc** - Therefore

## QUESTIONS

**1. Combien de sacs ont Jack et Rose?**

- a. Deux
- b. Quatre
- c. Six
- d. Huit

**2. Que se passe-t-il au milieu de leur voyage?**

- a. Jack et Rose commencent à se battre
- b. Le conducteur tombe malade
- c. La voiture s'arrête soudainement
- d. Jack et Rose s'arrêtent dans un restaurant pour dîner

**3. Comment Rose réagit-elle lorsque la voiture s'arrête soudainement?**

- a. Elle est très heureuse
- b. Elle pleure
- c. Elle crie après le conducteur
- d. Elle est bouleversée

**4. Lequel des endroits suivants est fermé en raison de la destruction causée par la tempête?**

- a. L'aéroport
- b. Le parc aquatique
- c. L'hôtel
- d. La gare

**5. Lequel des éléments suivants Rose trouve-t-elle intéressant?**

- a. Une visite à la diseuse de bonne aventure
- b. Des vacances en Amérique
- c. Une journée au parc aquatique
- d. Manger de la nourriture japonaise dans un restaurant

―――――

ANSWERS

1. **a.** Deux
2. **c.** La voiture s'arrête soudainement
3. **d.** Elle est bouleversée
4. **b.** Le parc aquatique
5. **a.** Une visite à la diseuse de bonne aventure

―――――

ENGLISH TRANSLATION

Jack and Rose are in the car. Jack's mobile phone rings and he answers.

"Hello!"

The man on the other side says something to which he replies, "I think in about fifteen minutes."

"They must be asking him how far we are from the destination! But who is asking him that?" Rose wonders.

"We have two bags. There are two of us, so one bag each." Jack says to the man.

"Two bags! Does this mean we are taking a plane! I told him not to book any planes or trains!" Rose thinks to herself.

"Sure! Thank you."

Jack hangs up.

He looks at Rose and she smiles. He says nothing and both of them spend their time observing the passing scenery.

"Car journeys are an excellent way to see the real natural beauty of a country! Italy is very beautiful." Jack says.

"Indeed! There are so many lovely photo opportunities here," Rose remarks.

"There are going to be so many more where we're going," says Jack.

"Really? I am so excited about the surprise!"

"I hope you are pleasantly surprised!" Jack says and crosses his fingers.

"Don't worry! It will all be good!" Rose says. "There are not going to be any more mishaps now," she adds.

"I hope so," Jack says.

All of a sudden, the car comes to a stop in the middle of the road.

"What happened?" Jack asks the driver.

"I think there is a problem with the engine," the driver replies.

"Oh, God! Not again!" Rose says, irritated. "What will

we do now on this deserted road? How will we reach our destination?" she adds.

"We are in the middle of the road! We first need to push the car to the side," Jack says quietly.

"Yes, yes! Could you please help me, sir?" the driver asks Jack.

"Sure!" says Jack. Rose steps out of the car, and the two men push the vehicle to the side of the road.

"Let me inspect the car!" the driver says and opens the bonnet.

Rose is very upset. "You said you like adventures, right?" Jack says with a smile.

"Yes, but not this again. This is the second time we are getting stuck halfway."

"Don't worry! We will reach our destination despite all the hurdles. Enjoy every bit of the journey. After all, it's moments like these that make a trip memorable," Jack assures her.

"There is a problem with the battery. I will have to call a mechanic," interrupts the driver.

"How long will this take?" Jack asks.

"Since we are in a remote location, it might take some time to get a mechanic. However, I doubt the mechanic will be able to correct the problem here," says the driver.

"Are you saying this will take more than an hour to rectify?" Jack asks.

"Without a doubt. In fact, the mechanic may even want to take the car to his shop to do the repair."

"Oh no! What will we do then?" Rose says disappointed.

"Uhm. You may try booking another cab. If you don't mind waiting a bit, you can stay here until the mechanic arrives and see what he says. Because either way, you will have to wait even if you choose to book another cab," suggests the driver.

"I think it's not a bad idea to wait," Jack says and looks at Rose.

"Ok, but what will we do here for so long? It's also getting dark." Rose says.

"If you are not particular about your destination, I have an idea! There is a hotel nearby. You can stay there for the night and then leave for your destination tomorrow morning. " says the driver.

"It's not a bad idea, Rose!" Jack says.

"Life is truly unpredictable! We decided to avoid trains and planes for this reason, and these hurdles are following us here as well. This is so unfair." Rose says.

"Even though this place isn't where we wanted to be, we can ultimately experience the same adventures here," Jack says.

"How?" Rose asks.

"What I had planned was a camping trip in the forest. And I just discovered with the help of Mr. Google that there is a forest here too. While it will obviously not be the same as that one, it can eventually give us the same kind of fun experience." Jack says.

Rose immediately agrees. She is happy again.

"I just received a message from my company. The mechanic will be here in about 30 minutes," says the driver.

"That's wonderful!" Rose says.

"The mechanic will have a car, so I will drop you off at the hotel in his car. He's a very nice man. He won't mind," says the driver.

"Thank you very much."

Jack smiles.

"There are some interesting things to do here if you're interested," the driver says.

"Like what?" asks Rose.

"They are small things, not anything major. For example, about a mile north of here, there is a beautiful picnic spot. There is that forest you just spoke about. There are some farms here too if you want to experience village life. And lastly, there is a nice fortune-teller nearby who is really amazing at predicting the future. These activities could be a nice pastime for you both while you wait for the mechanic to arrive. There is also a small water park here. But as a result of the destruction caused by the storm, it is no longer operational," says the driver.

"fortune-teller! Wow! That sounds really interesting!" Rose says. "What do you say, Jack? Shall we go there now?"

"Uhm. All right! I don't believe in fortune-telling, but it can be entertaining," Jack says.

"Definitely! You will enjoy your time with him! He lives close by," remarks the driver.

"Finally, something exciting to do!" Rose says.

Jack smiles and tells the driver, "Can you please show us the way to his place?"

"You are new here, and the route is a bit complicated. Therefore, it is better that you follow me. I will take you there. It is not very far." the driver replies.

Jack and Rose agree, and the driver leads the way to the fortune-teller's house.

# 14
## THE FORTUNE-TELLER
### PERSONAL PRONOUNS, POSSESSIVE PRONOUNS & POSSESSIVE ADJECTIVES

Le temps est agréable, le soleil est sur le point de se coucher et la route est calme. Jack, Rose et le chauffeur marchent vers la maison de la diseuse de bonne aventure. Le bruit de **leurs** pas fait écho. Le conducteur marche rapidement devant les deux amis. Il semble être très en forme. Jack peut rattraper sa vitesse *(**la sien**)*, mais Rose ne le peut pas. Une de ses chaussures est cassée.

« Comment allez-vous marcher avec ces chaussures ? Votre autre chaussure se brisera très bientôt », dit Jack en riant.

« Chut ! Ne dites pas ça, Jack ! Si mon autre chaussure se casse, je vais avoir de sérieux problèmes », dit Rose.

« Quelle est votre pointure ? » dit Jack en regardant ses petits pieds.

« La **mienne** ? Je sais, elle est toute petite », dit Rose en souriant.

« Il y avait un très beau magasin à la périphérie du village où nous étions. Ils avaient aussi une bonne collection de chaussures, mais il n'y avait pas de rayon enfants dans ce magasin ! » dit Jack en riant.

« Vous vous moquez de moi ! Je suis la plus grande fille de notre famille, dit Rose en souriant.

« Bravo ! Félicitations ! » dit Jack.

Elle rit.

« **Nous** allons maintenant emprunter cette voie sur la gauche. C'est un peu rocheux, mais c'est la route la plus courte », dit le conducteur.

« Bonne chance à vous et aux vôtres pour le voyage à venir ! » dit Jack en souriant à Rose.

« Mes chaussures font un excellent travail jusqu'à maintenant ! Je vais m'en sortir », dit Rose, mais elle est sceptique.

« **Votre** autre chaussure ne semble pas en bon état. Je pense que sa semelle sort d'un côté », dit-il.

« Non, ça va. Je vais aller chez la diseuse de bonne aventure », dit-elle.

La route est très étroite maintenant et les trois d'entre eux continuent à marcher. Il y a quelques maisons écartées et le conducteur pointe vers la dernière. La maison n'est pas trop grande, mais c'est la plus grande sur cette voie. La porte est légèrement ouverte, et à travers d'elle, vous pouvez voir une boule de cristal. Le conducteur frappe à la porte et appelle :

« Mme Bourgogne ! C'est moi, Paul. »

« Bonjour, Paul ! Veuillez entrer. » répond la diseuse de bonne aventure.

« Vous avez deux visiteurs. Je les ai apportés avec moi. »

Jack et Rose entendent le bruit d'une chaise traîner sur le plancher, puis des pas. Mme Burgundy arrive à la porte. Elle salue Jack et Rose et ils la suivent à l'intérieur. Jack n'aime pas l'endroit. Il est mal à l'aise, mais il ne dit rien. La diseuse de bonne aventure les emmène dans une pièce où il y a une table et des chaises.

« S'il vous plaît, asseyez-vous, dit la diseuse de bonne aventure.

« Profitez de cette séance, je vais attendre dans la voiture. Le mécanicien sera bientôt là », dit le conducteur avant de s'en aller.

Jack et Rose s'assoient et la diseuse de bonne aventure s'assoit en face d'**eux**.

« D'accord, alors qui voudrait commencer ? » demande la femme.

« Moi ! » Rose répond immédiatement.

La diseuse de bonne aventure rit et lui demande de lui présenter sa main.

« Vous êtes donc une palmiste. N'utilisez-vous pas une boule de cristal ? » demande Jack.

Rose est confuse. Elle ne sait rien de la chiromancie ou des boules de cristal.

« Oui, j'utilise les deux », dit la diseuse de bonne aventure.

Rose étend sa paume et dit : « Je suis prête. »

La diseuse de bonne aventure examine attentivement sa paume et les différentes lignes qui s'y trouvent. Elle dessine quelque chose sur une feuille de papier.

« Vous êtes une femme très chanceuse ! Vous êtes très artistique. Travaillez-vous dans le domaine de l'art ? » demande-t-elle.

Rose est très impressionnée. « Oui, absolument ! », dit-elle.

La diseuse de bonne aventure rit. « Continuez, et vous aurez beaucoup de succès. Vous ferez beaucoup d'argent avec l'art ! Avez-vous rencontré des obstacles récemment ? Comme des problèmes de travail et de déplacement ? »

Rose est très surprise d'entendre cette question, et Jack est un peu choqué aussi.

« Oui ! Cela a commencé par une grève des trains et

les problèmes n'ont pas cessé depuis. La raison pour laquelle nous sommes ici, c'est que notre taxi est tombé en panne. »

« Je vais résoudre le problème pour vous. »

La diseuse de bonne aventure va chercher trois petits ventilateurs de cristal dans un placard à proximité. Elle place la boule de cristal sur la table et récite quelque chose.

« Oh, boule de cristal, enlève tous les problèmes de cette femme et de cet homme ! Ramène-les à la maison en toute sécurité ! » dit la diseuse de bonne aventure et place son ventilateur près d'elle. Elle fait signe à Jack et Rose de placer les **leurs**, et **ils** le font. Jack est un peu hésitant et soupçonneux, mais Rose est très impressionnée et excitée. Elle continue à réciter quelques mantras pour les prochaines minutes. Jack estime que quelque chose ne va pas et il signale cela à Rose. Rose n'est pas d'accord. Elle demande plutôt :

« Pouvez-vous prédire quelque chose au sujet de ma vie amoureuse ? »

« Oui, bien sûr ! Que voulez-vous savoir ? »

« Quand vais-je rencontrer mon partenaire de vie ? » demande Rose tout en rougissant.

La diseuse de bonne aventure observe quelque chose sur sa paume et sur le papier. « Vous le connaissez déjà ! » dit-elle.

« Quoi ? », s'écrie Rose.

« Oui. Vous l'avez rencontré. »

« Vraiment ! Qui cela peut-il être ? » s'émerveille Rose.

« C'est l'homme assis à côté de vous ! » dit la diseuse de bonne aventure.

Jack se lève de **son** fauteuil en étant surpris. « Que dites-vous *(toi)*, madame ? Je suis amoureux de quelqu'un d'autre ! » dit Jack.

Rose rougit. Elle est très heureuse d'entendre la prédiction de la diseuse de bonne aventure.

« Tu épouseras cette femme ! Retiens mes paroles. »

Jack ne sait pas comment réagir. **Il** est surpris de la confiance de la diseuse de bonne aventure.

« Tant de couples sont revenus me dire que mes prédictions se sont réalisées ! » dit la diseuse de bonne aventure. « Tous les obstacles auxquels vous avez fait face jusqu'à maintenant en ce qui concerne votre voyage seront bientôt terminés. »

« Merci beaucoup, madame ! Vous êtes vraiment incroyable! » dit Rose.

« Montrez-moi votre main, monsieur. Laissez-**moi** vous dire ce que votre avenir vous réserve », dit la diseuse de bonne aventure à Jack.

« Vous avez déjà dit une chose scandaleuse ! Je suis choqué ! » dit Jack et **lui** tend la main.

« Avez-vous des questions particulières ? »

« Pas vraiment ! En fait, je suis incapable de penser à quoi que **ce** soit », dit Jack.

« Peu importe ! Je vais vous donner un aperçu général », dit la diseuse de bonne aventure et commence à dessiner quelque chose sur le papier, comme elle l'a fait pour la paume de Rose. **Elle** prédit un très bel avenir pour Jack. Rose pose d'autres questions sur sa vie à la diseuse de bonne aventure, et les deux y passent une demi-heure avant que Jack ne paie la diseuse de bonne aventure.

« Merci beaucoup, madame ! C'était très agréable de vous rencontrer ! Vous avez prédit des choses vraiment bonnes et incroyables pour **mon** avenir ! **Je** communiquerai certainement avec vous au cas où j'épouserais cette petite femme », dit Jack en souriant.

La diseuse de bonne aventure rit de bon cœur et dit : « Vous aurez une vie heureuse ensemble ! Toutes mes bénédictions à vous deux ! Bonne chance ! **Sa** paume est l'une des meilleures que j'aie jamais vues jusqu'à maintenant. »

« Je ne sais pas pour ma paume, mais je suis sûre que **notre** amitié sera la meilleure qui soit », dit Rose.

Jack et Rose remercient la voyante et s'en vont.

---

## SUMMARY

Le chauffeur conduit Jack et Rose à la maison de la diseuse de bonne aventure. Rose casse ses chaussures sur le chemin, mais parvient toujours à marcher vers la destination. Le conducteur les présente à la diseuse de bonne aventure et s'en va. La diseuse de bonne aventure examine les paumes de Jack et Rose et fait un certain nombre de prédictions sur leurs futurs respectifs. La prédiction la plus incroyable de toutes est que Jack et Rose se marieront. Cette prédiction choque Jack.

---

## WORDS TO REMEMBER

— *Due to the differences between the French and English many pronouns will not be highlighted in the text, but you will find the most helpful pronouns included in the list of words to remember.*

1. **Leur** - Their
2. **Eux** - Them
3. **Ils** - They
4. **Sa** - Her
5. **Le sien** - His
6. **Toi** - You
7. **Ton** - Your

**8. Je** - I
**9. Mon** - My
**10. Moi** - Me
**11. Nous** - We
**12. Mien** - Mine
**13. Notre**- Our
**14. Elle** - She
**15. Ce** - It
**16. Tien** - Yours
**17. Il** - He
**18. Son** - Its
**19. Leurs** - Theirs
**20. Lui** - Him
**21. La sienne** - Hers
**22. Les notres** - Ours
**23. Les votre** - Yours

---

QUESTIONS

**1. Quel est le problème de Rose en allant chez la diseuse de bonne aventure?**

- a. Elle se blesse
- b. Elle a un accident
- c. Elle casse une de ses chaussures
- d. Elle perd son sac

**2. Lequel des énoncés suivants est vrai au sujet de la maison de la diseuse de bonne aventure?**

- a. Elle est brisée
- b. Elle est rouge
- c. Elle est faite de marbre
- d. C'est la plus grande maison de cette voie

## 3. Comment se sent Jack lorsqu'il entre pour la première fois dans la maison?

- a. Il se sent très heureux
- b. Il ne se sent pas bien
- c. Il est très impressionné
- d. Il est très excité

## 4. Quelle est la prédiction la plus choquante de la diseuse de bonne aventure?

- a. Jack et Rose se marieront
- b. Jack deviendra l'homme le plus riche du monde
- c. Rose deviendra une célébrité
- d. Rose et Jack deviendront des ennemis

## 5. De quoi Jack taquine-t-il Rose?

- a. Son poids
- b. Sa robe
- c. Son nez
- d. La taille de ses chaussures

## ANSWERS

1. **c.** Elle casse une de ses chaussures
2. **d.** C'est la plus grande maison sur cette voie
3. **b.** Il ne se sent pas bien
4. **a.** Jack et Rose se marieront
5. **d.** La taille de ses chaussures

## ENGLISH TRANSLATION

The weather is pleasant, the sun is about to set, and the road is quiet. Jack, Rose, and the driver are walking towards the house of the fortune-teller. The sound of their footsteps is echoing. The driver walks briskly in front of the two of them. He appears to be very fit. Jack can catch up to his speed, but Rose is cannot. One of her shoes is broken.

"How are you going to walk in these shoes? Your other shoe will also break very soon," Jack says laughing.

"Shush! Don't say that, Jack! If my other shoe breaks, I will be in serious trouble," Rose says.

"What's your shoe size?" Jack says, looking at her tiny feet.

"Mine? I know, it's quite small," Rose says smiling.

"There was a very nice store on the outskirts of that village that we were in. They also had a good collection of shoes, but there was no kids section in that store!" Jack remarks laughing.

"You are making fun of me! I am the tallest girl in our family," Rose says smiling.

"Wow! Congratulations!" says Jack.

She laughs.

"We will now go down this lane on the left. It is a bit rocky, but it's the shortest route," the driver says.

"All the best to you and yours for the journey ahead!" Jack says smiling at Rose.

"My shoes are doing a great job until now! I will manage," says Rose, but he is doubtful.

"Your other shoe doesn't seem to be in good condition. I think its sole is coming out on one side," he says.

"No, it's fine. I'll make it to the fortune-teller's house," she says.

The road is very narrow now and the three of them continue to walk. There are a few houses spread far apart, and the driver points at the last one. The house is not too large, but it's the largest one on that lane. The door is open slightly, and through it, you can see a crystal ball. The driver knocks on the door and calls out,

"Mr. Burgundy! It's me, Paul."

"Oh, hello, Paul! Please come in." the fortune-teller replies.

"You have two visitors. I have brought them with me."

Jack and Rose hear the sound of a chair being dragged on the floor and then footsteps. Mr. Burgundy comes to the door. He greets Jack and Rose and they follow him inside. Jack doesn't like the place. He is uncomfortable, but he says nothing. The fortuneteller takes them into a room where there is a table and chairs.

"Please have a seat," says the fortune-teller.

"You enjoy this session, now. I will wait in the car. The mechanic will be here soon," the driver says and leaves.

Jack and Rose sit down and the fortuneteller sits opposite them.

"Ok, so who would like to start?" the man asks.

"Me!" Rose immediately responds.

The fortune-teller laughs and asks her to present her hand.

"So you are a palmist. Don't you use a crystal ball?" Jack asks.

Rose is confused. She knows nothing about palmistry or crystal balls.

"Yes! I use both," says the fortune-teller.

Rose extends her palm and says, "I am ready."

The fortune-teller carefully examines her palm and the various lines on it. He draws out something on a piece of paper.

"You are a very fortunate girl! You are very artistic. Do you work in the art field?" he asks.

Rose is very impressed. "Yes, absolutely!" she says.

The fortune-teller laughs. "Just continue, and you will be very successful. You will make a lot of money with art! Did you face some obstacles in the recent past? Like problems with work and travel?"

Rose is very surprised to hear this question, and Jack is a little shocked too.

"Yes! It started with a train strike and hasn't let up since. The reason we are here is that our cab broke down." Rose says.

"I will solve the problem for you."

The fortune-teller fetches three little crystal fans from a cupboard nearby. He places the crystal ball on the table and recites something.

"Oh, crystal ball, take away all the problems of this girl and this man! Take them home safely!" the fortune-teller says and places his fan near it. He signals Jack and Rose also to place theirs, and they do so. Jack is a bit hesitant and suspicious, but Rose is very impressed and excited. He continues to recite some mantras for the next few minutes. Jack feels that something is not right and he signals this to Rose. Rose doesn't agree. She instead asks,

"Can you predict something about my love life?"

"Yes, of course! What do you want to know?"

"When will I meet my life partner?" Rose asks with a blush.

The man observes something on her palm and on the paper. "You already know him!" he says.

"What?!" exclaims Rose.

"Yes. You have met him."

"Really! Who can that be?" Rose wonders.

"He's the man sitting next to you!" says the fortune-teller.

Jack stands up from his chair in surprise. "What are you saying, sir? I'm in love with someone else!" Jack says.

Rose blushes. She feels very happy to hear the fortune-teller's prediction.

"You will marry this woman! Mark my words."

Jack doesn't know how to react. He's surprised at the fortune-teller's confidence.

"So many couples have come back to me saying that my prediction has come true!" says the fortune-teller. "All the obstacles you were facing until now with regard to your travel will be over soon."

"Thank you so much, sir! You are really amazing!" Rose says.

"Show me your palm, gentleman. Let me tell you what your future holds," the fortune-teller tells Jack.

"You have already said an outrageous thing! I am shocked!" Jack says and extends his hand.

"Do you have any particular questions?"

"Not really! Actually, I am unable to think of anything," Jack says.

"Never mind! I will give you a general overview," the fortune-teller says and begins drawing something on the paper, similarly to what he did for Rose's palm. He predicts a very bright future for Jack. Rose asks the fortuneteller some more questions about her life, and the two of them spend half an hour there before Jack pays the fortune-teller.

"Thank you very much, sir! It was very nice meeting you! You have predicted some really good and unbelievable things for my future! I will definitely get in touch with you in case I happen to marry this petite woman." Jack says, smiling.

The fortune-teller laughs heartily and says, "You will have a happy life together! All my blessings to you both! All the best! Hers is one of the best palms I have ever seen so far."

"I don't know about my palm, or ours, but I'm sure ours is going to be the best friendship ever," Rose says.

Jack and Rose thank the fortune-teller and leave.

# 15
## THE HOTEL
### COMMON EVERYDAY OBJECTS

Jack et Rose sont en route pour la voiture. Jack vérifie son **téléphone portable** et il est 19 heures. Les mots de la diseuse de bonne aventure sur son mariage avec Rose sont encore dans son esprit. Rose pense à la même chose. Elle balance joyeusement son **sac à main** pendant qu'elle marche à travers la voie rocheuse dans ses **chaussures** cassées. Ils ne se parlent pas. Ils se rendent sur la route principale et y trouvent le conducteur et le mécanicien.

« Qu'est-ce qui ne va pas avec la voiture ? » demande Jack au conducteur.

« Bonjour, monsieur ! Vous êtes de retour ! » dit le conducteur alors qu'il met ses **lunettes**. « Le mécanicien a vérifié le moteur. Il estime qu'il devra **apporter** la voiture à son atelier pour régler le problème. »

« D'accord. Alors, déchargeons nos **valises** de la voiture. » dit Jack avant de glisser son **portefeuille** dans la poche de son **jean**.

« Attends, Jack ! Je vais t'aider ! » dit Rose en marchant lentement vers lui tout en traînant ses chaussures sur le sol.

«Mademoiselle Petite, merci. Ne vous en faites pas, je m'occupe de votre sac», dit Jack.

« Ne vous occupez-vous pas de moi ? » murmure-t-elle.

« Désolé ? Je n'ai pas entendu cela », dit Jack.

« Rien! J'ai dit : « Donnez-moi votre stylo, je le tiendrai. »

« Vraiment ? »

« Bien sûr ! » dit-elle avec confiance.

« Mademoiselle Petite, je n'ai pas de **stylo** dans la main. En fait, ma **chemise** n'a même pas de poche pour en tenir une. Pensez à une réponse pendant que je décharge les valises. » Jack dit et s'en va.

Rose est gênée. Elle reste là à sourire et ne dit rien.

« Serez-vous en mesure de nous déposer à l'hôtel dans la voiture du mécanicien ? » demande Jack au conducteur.

« Oh, oui, certainement ! Laissez-moi lui prendre les clés ! » répond le chauffeur et va chercher les clés au mécanicien.

Jack regarde Rose et elle le regarde en retour.

« Permettez-moi de vérifier mon visage et mes cheveux avant de partir », dit-elle et ouvre son sac à main.

Elle sort d'abord un **peigne** et le passe à travers ses cheveux noirs brillants. Elle sort ensuite un miroir et vérifie ses cheveux. Elle termine enfin son look avec une application de sa **lotion** préférée, un **rouge à lèvres** rose et une généreuse vaporisation de **parfum**.

« Je suis prête à partir ! » dit Rose en remettant tous ses effets personnels dans son sac à main.

« Avez-vous une autre paire de chaussures ? » demande Jack en regardant ses chaussures cassées.

« Non. Je n'aurais jamais imaginé cela. »

« Sommes-nous prêts à aller à l'hôtel ? » demande le conducteur à l'intérieur de la voiture du mécanicien.

Jack et Rose montent dans la voiture et le chauffeur les

emmène. En une dizaine de minutes, ils arrivent à l'hôtel. L'hôtel est un petit bâtiment près de la forêt. Jack et Rose sortent de la voiture, déchargent leurs sacs, remercient le conducteur et entrent dans l'hôtel.

« Bonsoir monsieur, bonsoir madame ! Bienvenue ! » dit le réceptionniste.

« Bonjour ! » dit Jack. « Nous aimerions réserver deux chambres ici pour la nuit », ajoute-t-il.

« Bien sûr, monsieur. Veuillez vous asseoir. » répond l'homme.

Il tape quelque chose sur l'**ordinateur** et compose un numéro au **téléphone**. Il parle à son collègue d'en face pendant environ cinq minutes, puis raccroche.

« Nous n'avons qu'une seule chambre de disponible, monsieur. Êtes-vous d'accord avec cela ? » dit l'homme.

« Pas du tout ! » répond Jack.

« Très bien. Alors, il y a une autre option. Nous avons une suite de deux chambres. Voudriez-vous l'avoir ? »

« C'est mieux. Combien cela coûte-t-il par nuit ? » demande Jack.

« Combien de temps aimeriez-vous rester avec nous? » L'homme demande et gribouille quelque chose sur son **bloc-notes** avec son **crayon**.

« Ce soir et demain soir. »

Il sort sa calculatrice et ajoute des chiffres. « Ce sera 120 € par nuit, toutes taxes comprises. »

« Permettez-moi de payer pour une nuit, Jack. » Rose interrompt.

Jack est d'accord et les paiements sont faits. L'homme remet les clés de la chambre à Jack et lui donne également un **livre** contenant des détails sur toutes les commodités de l'hôtel.

« Le petit déjeuner est inclus dans votre séjour pour les deux nuits, monsieur. Nous organisons également des visites d'une journée pour nos clients à certains endroits touristiques populaires à proximité. Si vous avez besoin d'en planifier un, n'hésitez pas à communiquer avec moi. Profitez de votre séjour avec nous. » dit l'homme.

« Bien sûr. Merci ! » dit Jack, et les deux vont dans leur chambre.

« C'est une belle chambre ! » dit Rose.

« Oui, c'est très bien pour cet endroit », répond Jack.

« Allons-nous dîner maintenant ? Nous pourrons alors planifier ce que nous ferons demain. »

« Les visites d'une journée dont parlait l'homme au bureau me semblent très agréables. Nous pouvons en prendre une demain dans la forêt. »

« Excellente idée ! Je suis impatiente de visiter la forêt. » Rose dit en dansant un peu.

« Ne faites pas l'erreur de penser que je vous tiendrai si vos chaussures vous lâchent et que vous tombez. » plaisante Jack.

« Je sais que vous êtes un gentleman et vous êtes aussi mon ami. Je suis certaine que vous me tiendrez dans vos bras. »

La sonnette retentit et Jack va vérifier la porte.

« Bonsoir, monsieur ! Voici vos bagages », dit l'homme de l'autre côté.

Jack le laisse entrer. L'homme arrange les deux sacs sur le porte-bagages et dit : « Permettez-moi de vous présenter toutes les installations qui sont disponibles dans cette chambre. »

« Oui, allez-y, s'il vous plaît », dit Jack.

« Merci, monsieur. » L'homme les renseigne au sujet du téléviseur, du **haut-parleur**, du **système stéréo**, du minibar et des options de repas dans la chambre.

« Avez-vous des installations de location de produits

comme des **vêtements** ou des chaussures pour le voyage en forêt? » demande Rose.

« Non, madame. Vous pouvez louer une **caméra** pour une journée si vous le désirez. Une trousse contenant des articles de premiers soins de base, une paire de **ciseaux**, des **médicaments** courants et une torche est incluse dans le forfait de visite quotidienne et elle vous sera remise au moment de la réservation. » dit l'homme.

« D'accord. Merci », dit Rose.

L'homme s'en va.

« Je m'habillerai rapidement pour le dîner », dit Rose et retire sa trousse de **maquillage** de son sac.

« Vite, Miss Petite ! » dit Jack et pose son **ordinateur portable** sur la table.

« Je ne trouve pas la **poubelle** dans cette pièce, Jack, où est-elle ? » demande Rose.

« C'est là où se trouvent vos belles chaussures brisées. » Jack plaisante.

« Vous ne pouvez pas être sérieux ! » dit Rose et jette son **pinceau** à Jack. Jack sourit.

———

## SUMMARY

Jack et Rose arrivent à l'hôtel et obtiennent une suite pour le week-end. Le personnel de l'hôtel leur présente toutes les installations disponibles ainsi que les forfaits touristiques. Un lien d'amitié et de plaisanterie se développe entre les deux.

———

## WORDS TO REMEMBER

1. **Téléphone portable** - Mobile phone
2. **Chaussures** - Shoes
3. **Sac à main** - Handbag
4. **Lunettes** - Glasses
5. **Valises** - Suitcases
6. **Portefeuille** - Wallet
7. **Jeans** - Jeans
8. **Stylo** - Pen
9. **Chemise** - Shirt
10. **Peigne** - Comb
11. **Rouge à lèvres** - Lipstick
12. **Parfum** - Perfume
13. **Lotion** - Lotion
14. **Téléphone** - Telephone
15. **Ordinateur** - Computer
16. **Crayon** - Pencil
17. **Bloc-notes** - Notepad
18. **Livre** - Book
19. **Système stéréo** - Stereo system
20. **Haut-parleur** - Speaker
21. **Médicaments** - Medicines
22. **Vêtements** - Clothes
23. **Caméra/Appareil photo** - Camera
24. **Ciseaux** - Scissors
25. **Ordinateur portable** - Laptop
26. **Maquillage** - Makeup
27. **Brosse/Pinceau** - Brush
28. **Poubelle** - Garbage bin

———

## QUESTIONS

**1. Quel genre de chambre Jack et Rose louent-ils pour leur séjour à l'hôtel?**

- a. Une chambre de luxe
- b. Une chambre standard
- c. Une salle exécutive
- d. Une suite

**2. Que donne la réceptionniste à Jack avec les clés?**

- a. Un livre
- b. Une carte
- c. Un stylo
- d. Un coupon de réduction

**3. Lequel des énoncés suivants est vrai?**

- a. La suite dispose de cinq chambres
- b. La suite est gratuite pour Jack et Rose
- c. La suite n'est pas disponible
- d. La suite dispose d'un minibar

**4. Que fait Rose après être allée dans la chambre?**

- a. Elle s'habille pour le dîner

- b. Elle appelle sa mère
- c. Elle prend une douche
- d. Elle se couche

**5. Quelle est la chose que Rose ne peut trouver dans la pièce?**

- a. La télévision
- b. La poubelle
- c. Le minibar
- d. Le canapé

―――――

ANSWERS

1. **d.** Une suite
2. **a.** Un livre
3. **d.** La suite dispose d'un minibar
4. **a.** Elle s'habille pour le dîner
5. **b.** La poubelle

―――――

ENGLISH TRANSLATION

Jack and Rose are on their way back to the car. Jack checks his mobile phone, and the time is 7 p.m. The words of the fortune-teller about marrying Rose are still on his mind. Rose is thinking about the same thing. She swings her handbag in her hand in joy as she makes her way across the rocky lane in her broken shoes. They say nothing to one another. They reach the main road and find the driver and the mechanic there.

"What's wrong with the car?" Jack asks the driver.

"Oh, hello. sir! You're back!" the driver says and puts on his glasses. "The mechanic has checked the engine. He feels he will have to take the car to his shop to fix the issue."

"Ok. So, let's unload our suitcases from the car then." Jack says and slips his wallet into the pocket of his jeans.

"Wait, Jack! I'll help you!" Rose says and walks slowly towards him dragging her shoes on the ground.

"Miss Petite, thank you. You handle yourself, I will handle your bag." Jack says.

"Will you not handle me?" she whispers.

"Sorry? I didn't hear that," says Jack.

"Nothing! I said, "Give me your pen, I will hold it."

"Really?!"

"Of course!" she says confidently.

"Miss Petite, I don't have a pen in my hand. In fact, my shirt doesn't even have a pocket to hold one. Think of a reply while I unload the suitcases." Jack says and goes away.

Rose is embarrassed. She stands up there smiling and says nothing.

"Will you be able to drop us at the hotel in the mechanic's car?" Jack asks the driver.

"Oh, yes, definitely! Let me get the keys from him!" the driver replies and goes to fetch the keys from the mechanic.

Jack looks at Rose and she looks back.

"Let me just check my face and hair before we leave," she says and opens her handbag.

She first takes out a comb and runs it through her shiny black hair. She then pulls out a mirror and checks her hair in it. She finally finishes her look with an application of her favorite lotion, a pink lipstick, and a generous spraying of perfume.

"I am ready to go!" Rose says putting all her belongings back into her handbag.

"Do you have an additional pair of shoes?" Jack asks while looking at her broken ones.

"No. I never imagined this happening."

"Are we ready to go to the hotel?" the driver asks from inside the mechanic's car.

Jack and Rose get into the car, and the driver takes them away. In about ten minutes, they arrive at the hotel. The hotel is a small building near the forest. Jack and Rose get out of the car, unload their bags, thank the driver, and walk in.

"Good evening, sir, good evening, madam! Welcome!" says the receptionist.

"Hello!" says Jack. "We would like to reserve two rooms here for the night," he adds.

"Sure sir. Please take a seat." replies the man.

He types something on the computer and then dials a number on the telephone. He speaks to his colleague on the other side for about five minutes and then hangs up.

"We only have one single room available, sir. Are you okay with that?" says the man.

"Not at all!" Jack replies.

"All right. So, then there is another option. We have a two-bedroom suite. Would you like to take that?"

"That's better. How much does it cost per night?" Jack asks.

"For how long would you like to stay with us?" the man asks and scribbles something on his notepad with his pencil.

"Tonight and tomorrow night."

He pulls out his calculator and puts in some numbers. "That will be €120 per night, inclusive of all taxes."

"Please allow me to pay for one night, Jack." Rose interrupts.

Jack agrees and the payments are made. The man hands over the keys to the room to Jack and also gives him a book containing details about all the amenities of the hotel.

"You have breakfast included with your stay for both nights sir. We also organize day tours for our guests to some popular tourist locations nearby. If you need to plan one, please feel free to get in touch with me. Enjoy your stay with us." says the man.

"Sure. Thank you!" Jack says and the two of them go to their room.

"It's a nice room!" says Rose.

"Yeah, quite good for this place," Jack replies.

"Shall we go for dinner now? Then we can plan what to do tomorrow." Rose suggests.

"The day tours the man at the desk was talking about sound quite nice. We can take one to the forest tomorrow."

"Great idea! I am excited to visit the forest." Rose says, doing a little dance.

"Don't make the mistake of thinking that I will hold you if your shoes fail you and you fall down." Jack jokes.

"I know what a gentleman you are and you are also my friend. I am certain you will hold me."

The doorbell rings and Jack goes to check the door.

"Good evening, sir! Here are your bags." says the man on the other side.

Jack lets him in. The man arranges both bags on the luggage rack and says, "Please allow me a moment to introduce you to all the facilities that are available in this room."

"Yes, please go ahead," Jack says.

"Thank you, sir." the man says and tells the two of them about the TV set, the speaker and stereo system, the minibar, and the in-room dining options.

"Do you have any product rental facilities like clothes or shoes for the forest trip?" Rose asks.

"No, madam. You can rent a camera for a day if you please. A kit containing some basic first aid items, a pair of scissors, some common medicines, and a torch is included with every day tour package and will be given to you at the time of booking." says the man.

"Ok. Thank you," says Rose.

The man leaves.

"I will quickly dress up for dinner," Rose says and removes her makeup kit from her bag.

"Fast, Miss Petite!" Jack says and places his laptop on the table.

"I can't find the garbage bin in this room, Jack, where is it?" Rose asks.

"It's right where your beautiful, broken shoes are." Jack jokes.

"You can't be serious!" Rose says and throws her brush at Jack. Jack smiles.

# 16

## SATURDAY
### NUMBERS

Jack et Rose se réveillent tôt le lendemain matin et se préparent à partir pour la forêt. Il y a **quinze** chambres à leur étage et la leur est la plus proche de l'ascenseur.

« Combien de chambres pensez-vous que cet hôtel a au total? » demande Rose, qui ferme la porte de sa chambre et marche dans le couloir.

« Cet hôtel a deux étages. Si les deux étages ont le même nombre de chambres, il doit y en avoir **trente** », répond Jack.

« Je pense qu'ils ont aussi des chambres au rez-de-chaussée. »

« Pour de vrai ? »

« Oui. J'en ai vu **cinq** quand nous sommes allés dîner hier soir. Cela fait donc **trente-cinq** chambres », dit Rose.

« Pas mal, Miss Petite! Vous êtes douée en mathématiques ! » dit Jack.

L'ascenseur arrive et ils y entrent. Il y a déjà **deux** hommes et **trois** femmes là-dedans. Jack n'est pas à l'aise avec le grand nombre de personnes dans l'ascenseur, mais il ne dit rien.

En arrivant au rez-de-chaussée, tout le monde sort rapidement. Jack et Rose marchent jusqu'à la réception. Il y a **quatre** hommes là-bas, mais la personne à qui ils ont parlé la nuit dernière est introuvable.

« Comment puis-je vous aider, monsieur? » demande **un** homme à Jack.

« Nous avons réservé une excursion d'une journée dans la forêt aujourd'hui », dit Jack.

« Très bien. La visite commence à **six** heures, soit dans **vingt-cinq** minutes. Asseyez-vous, s'il vous plaît, je vous le ferai savoir lorsque l'autobus d'excursion arrivera », dit l'homme.

« Bien sûr ! Merci. » dit Jack.

« Quel est votre numéro de chambre ? » demande l'homme.

« **Treize**. »

« Et avez-vous des sacs ? »

« Juste un sac à main. »

« D'accord. » dit l'homme et il note les détails.

Jack et Rose s'assoient sur les confortables canapés rembourrés dans le hall. Le hall est petit et confortable. Il est largement vide. Les sept personnes qui étaient avec Jack et Rose dans l'ascenseur ne sont dans les alentours. Après environ **vingt** minutes, un bus d'excursion arrive. C'est un véhicule de **douze** places. L'homme à la réception informe Jack et Rose qu'ils peuvent monter à bord de l'autobus.

« Vous pouvez aller vous asseoir dans l'autobus si vous voulez », dit l'homme.

« Quand l'autobus partira-t-il ? » demande Rose.

« Dans exactement **dix-huit** minutes », dit l'homme. « Il y a eu un léger retard en raison de problèmes techniques dans le véhicule. Il y a **sept** autres personnes qui se joignent à la visite à partir de cet hôtel. Dès leur arrivée, l'autobus partira. »

« Très bien ! » dit Rose.

Le temps passe et le bus se remplit. Le voyage commence au bon moment. Le bus atteint bientôt la forêt. Tous les passagers débarquent, et le guide dit :

« Attention, mesdames et messieurs ! Nous allons maintenant commencer notre randonnée. Veuillez rester avec le groupe et n'hésitez pas à venir me voir si vous avez besoin de quoi que ce soit. »

Le guide distribue une carte à tous les touristes et tout le monde commence à marcher. Il y a plus d'un **millier** de variétés d'arbres et une **centaine** d'espèces différentes d'animaux et d'oiseaux dans la forêt. Jack et Rose apprécient la beauté de la nature.

« Cet endroit est si tranquille, n'est-ce pas ? » dit Jack.

« Oui, ça l'est. Puis-je vous poser une question ? », dit Rose.

« Oui. »

« Qu'avez-vous pensé lorsque la diseuse de bonne aventure a dit que nous finirions par nous marier ? »

« Impossible ! »

« Est-ce vraiment ce que vous pensiez ? »

« Oui. Écoutez, Rose, ne construisez pas d'espoirs ou de rêves autour de ce qu'elle a dit. J'aime quelqu'un d'autre. » dit Jack.

Rose ne dit rien.

« Je suis désolé, Rose », dit Jack.

Elle ne dit rien puis disparaît derrière les arbres.

« Où allez-vous ? » demande Jack.

« Attendez là ! Je reviens ! » dit Rose.

Elle revient **dix** minutes plus tard avec **cinquante** roses à la main.

« Jack, je ne sais pas ce que tu penses de moi. Je ne sais pas si tu m'aimeras un jour, mais je m'en fiche. Tout ce que je sais, c'est que tu représentes le monde pour moi. Je t'aime, Jack, et je continuerai à t'aimer pour le reste de ma vie. Tu n'es sous aucune force pour m'aimer en retour. Mes paroles peuvent vous sembler irréelles, mais mes sentiments pour vous sont absolument purs et vrais », dit Rose.

Tous les autres membres du groupe de trekking applaudissent et acclament. Jack est complètement sans voix.

« J'apprécie vraiment ce que vous ressentez pour moi, Rose. Merci beaucoup ! Vous serez toujours spéciale pour moi. » dit Jack avant d'enlacer Rose. La randonnée prend fin et tous les touristes, y compris Jack et Rose, retournent à l'hôtel. Jack est incapable de se réconcilier avec la confession de Rose. Il se sent mal pour elle. Le visage de Kathryn clignote devant ses yeux.

« S'il vous plaît, pardonnez-moi, Rose ! Mon cœur ne bat que pour Kathryn. » Jack pense à lui-même.

---

SUMMARY

Jack et Rose partent pour leur voyage dans la forêt avec un groupe de touristes. Ils aiment la nature et la faune. Rose exprime alors son affection pour Jack. Jack la rejette poliment parce qu'il aime Kathryn. Il considère Rose comme une amie spéciale.

---

WORDS TO REMEMBER

-
1. **Quinze** - Fifteen
2. **Trente** - Thirty

3. **Cinq** - Five
4. **Trente-cinq** - Thirty-five
5. **Deux** - Two
6. **Trois** - Three
7. **Quatre** - Four
8. **Six** - Six
9. **Vingt-cinq** - Twenty-five
10. **Treize** - Thirteen
11. **Dix** - Ten
12. **Un** - One
13. **Vingt** - Twenty
14. **Douze** - Twelve
15. **Dix-huit** - Eighteen
16. **Sept** - Seven
17. **Cent/centaine** - Hundred
18. **Mille/millier** - Thousand
19. **Cinquante** - Fifty

---

QUESTIONS

**1. Combien y a-t-il de chambres dans l'hôtel où Jack et Rose séjournent?**

- a. Six
- b. Vingt-sept
- c. Trente-deux
- d. Trente-cinq

**2. Combien de personnes voyagent dans l'autobus avec Jack et Rose de leur hôtel?**

- a. Cinq
- b. Sept
- c. Neuf
- d. Onze

**3. Que donne le guide touristique à tous les touristes avant la randonnée?**

- a. Une carte
- b. Un parapluie
- c. Un panier
- d. Une paire de chaussures

**4. Que donne Rose à Jack dans la forêt?**

- a. Un morceau de gâteau
- b. Une boîte de chocolats
- c. Un bouquet de roses
- d. Une glace

**5. Que dit Rose à Jack au sujet de ses sentiments?**

- a. Je t'aime, et je continuerai de t'aimer pour le reste de ma vie
- b. Je te hais maintenant et pour toujours
- c. Tu es mon meilleur ami
- d. J'aime ton sourire

## ANSWERS

1. **d.** Trente-cinq
2. **b.** Sept
3. **a.** Une carte
4. **c.** Un bouquet de roses
5. **a.** Je t'aime, et je continuerai de t'aimer pour le reste de ma vie

## ENGLISH TRANSLATION

Jack and Rose wake up early the next morning and get ready to leave for the forest. There are fifteen rooms on their floor and theirs is the closest to the elevator.

"How many rooms do you think this hotel has in total?" Rose asks as they shut the door of their room and walk down the hallway.

"This hotel has two floors. If both floors have the same number of rooms, there must be thirty," Jack replies.

"I think they also have rooms on the ground floor."

"Do they?"

"Yes. I saw five of them when we went down for dinner last evening. So that makes it thirty-five rooms," says Rose.

"Not bad, Miss Petite! You are good at math!" Jack teases.

The elevator arrives and they get on. There are already two men and three women in there. Jack is uncomfortable about the large number of people in the elevator, but he says nothing.

As they reach the ground floor, everyone exits rapidly. Jack and Rose walk to the front desk. There are four men there but the person they spoke to last night is not to be found.

"How may I help you, sir?" one man asks Jack.

"We have a booking for the forest day tour today," Jack says.

"All right. The tour departs at six, twenty-five minutes from now. Please have a seat and I will let you know once the tour bus arrives," the man says.

"Sure! Thank you." Jack says.

"What is your room number?" the man asks.

"Thirteen."

"And do you have any bags?"

"Just one handbag."

"Ok." the man says and notes down the details.

Jack and Rose sit down on the comfortable cushioned sofas in the lobby. The lobby is small and cozy. It is largely empty. The seven people who were with Jack and Rose in the elevator are not to be seen anywhere. After about twenty minutes, a tour bus arrives. It is a twelve-seater. The man at the front desk informs Jack and Rose that they can board the bus.

"You may go and take your seats in the bus if you like," says the man.

"When will the bus depart?" Rose asks.

"In precisely eighteen minutes." the man says. "There was a bit of a delay because of some technical issues in the vehicle. There are seven more people joining the tour from this hotel. As soon as they arrive, the bus will leave."

"All right!" says Rose.

Time passes by and the bus fills up. The journey begins at the right time. The bus soon reaches the forest. All the passengers disembark, and the tour guide says,

"Attention, ladies and gentlemen! We will now begin our trek. Please stay with the group and don't hesitate to come to me if you need anything."

The tour guide hands out a map to all the tourists and everyone starts walking. There are over a thousand varieties of trees and a hundred different species of animals and birds in the forest. Jack and Rose enjoy the beauty of nature.

"This place is so tranquil, isn't it?" says Jack.

"Yeah, it is. Can I ask you something?" says Rose.

"Yes."

"What did you think when the fortune-teller said that we'll end up married?"

"Impossible!"

"Is this what you really thought?"

"Yes. Look, Rose, don't build any hopes or dreams around what he said. I love someone else." Jack says.

Rose says nothing.

"I am sorry, Rose," Jack says.

She says nothing and disappears behind the trees.

"Where are you going?" Jack calls out.

"Wait there! I am coming!" Rose says.

She returns in ten minutes with fifty roses in her hand.

"Jack, I don't know what you think about me. I don't know if you will ever love me but I don't care. All I know is that you mean the world to me. I love you, Jack, and I will continue to do so for the rest of my life. You are under no force to love me back. My words may seem unreal to you, but my feelings for you are absolutely pure and true." Rose says.

All the remaining members of the trekking party clap their hands and cheer. Jack is thoroughly speechless.

"I really appreciate what you feel for me, Rose. Thank you so much! You will always be special to me." Jack says and hugs Rose. The trek comes to an end and all the tourists, including Jack and Rose, return to the hotel. Jack is unable to come to terms with Rose's confession. He feels bad for her. Kathryn's face flashes before his eyes.

"Please forgive me, Rose! My heart beats only for Kathryn." Jack thinks to himself.

# 17
# BACK HOME
## RELATIONSHIP WORDS

Jack et Rose sont dans la pièce à faire leurs valises. C'est dimanche après-midi. Rose est bouleversée; elle ne veut pas rentrer chez elle. Ses **amis** et **collègues** l'appellent, mais elle ne répond pas au téléphone.

« Ce voyage a été très amusant. Merci beaucoup Jack », dit-elle.

« Oh, Miss Petite ! Ne me remerciez pas. Vous avez fait en sorte que ce soit amusant. » dit Jack. « J'espère que ce dernier voyage se déroulera sans obstacle », ajoute-t-il.

« Je ne souhaite pas », dit Rose.

« Quoi ? »

« Parce que cela me donnera plus de temps à passer avec vous », dit-elle.

Jack la prend dans ses bras et lui dit : « Nous garderons contact. Vous pouvez m'appeler quand vous voulez, Rose. »

Ils échangent leurs numéros après quoi Rose dit : « Je sais que tu ne ressens rien pour moi maintenant, mais je prie pour que ce jour arrive très bientôt où tu diras que tu m'aimes aussi. »

Jack sourit.

« Reprenons-nous le même taxi ? » demande Rose.

« Le même taxi ou pas, mais le même conducteur, c'est certain. »

« Vous avez dit que vous devez aller au Royaume-Uni pour une fête d'anniversaire, à quelle heure est votre vol de Florence ? »

« Je n'en ai pas encore réservé un. Je prendrai le vol le plus tôt possible », dit Jack.

« Je prévois aussi d'aller passer du temps avec ma famille en Suisse », dit Rose.

« Ma **mère** est très fâchée contre moi parce que j'ai beaucoup voyagé pour le travail dernièrement. Je vais passer du temps avec elle et mon **père** maintenant. »

« Avez-vous des **frères et sœurs** ? » demande Rose.

« Oui. J'ai une sœur aînée et une sœur cadette. Ma **sœur** aînée est mariée. Elle vit avec son **mari** en Australie. La plus jeune est occupée à peindre la ville en rouge avec son **petit ami** », dit Jack en souriant.

« Votre **famille** est nombreuse. Je n'ai qu'un **frère** aîné et il est marié lui aussi. Il vit avec sa **femme** et ses **enfants** en Suisse avec mes **parents**, ma **grand-mère** et mon **grand-père** », dit Rose. « Quand avez-vous l'intention de demander votre **copine** en mariage ? » ajoute-t-elle.

« La demander en mariage ! Je ne lui ai même pas encore dit que je l'aime. Je vais le faire le jour de son anniversaire », dit Jack.

« Absolument ! D'**étrangers** à amis et plus encore ! C'était de loin le meilleur voyage de ma vie ! » dit Rose.

« C'était vraiment incroyable ! Du plaisir, du rire, de l'aventure et beaucoup de mésaventures ! »

« C'était agréable d'apprendre à vous connaître, Jack. Je chérirai toujours le temps que nous avons passé ensemble. Comme je vous l'ai dit plus tôt, je continuerai à vous aimer pour le reste de ma vie. Si jamais vous décidez de rompre avec Kathryn, appelez-moi », dit Rose.

« Vous êtes une femme merveilleuse, Rose, juste un peu petite! Vous occuperez toujours une place spéciale dans mon cœur. Attendons de voir ce que l'avenir nous réserve », dit Jack avant de quitter et de se rendre à l'aéroport pour prendre son vol vers le Royaume-Uni.

Il rentre à la maison et se prépare avec enthousiasme pour la fête d'anniversaire de Kathryn ce soir-là. Il prépare les cadeaux et lui achète une carte d'anniversaire spéciale. Tenant un grand, magnifique bouquet de fleurs dans sa main, il arrive à la fête d'anniversaire de Kathryn. Il aperçoit là le même homme qu'il avait vu sur la photo de Kathryn il y a quelques jours. Il décide de poser des questions à Kathryn à son sujet.

« Hé, Kathryn ! Joyeux anniversaire ! Qui est cet homme là-bas ? On ne me l'a pas encore présenté. Je l'ai aussi vu sur votre photo il y a quelques jours. » demande Jack.

« Oh, je suis désolé, Jack. Laissez-moi vous le présenter ! Cela m'a complètement échappé ! » dit Kathryn et appelle l'homme.

« Je voulais vous présenter l'un à l'autre », dit-elle à cet homme. « C'est Jack, un de mes amis très proches, et Jack, c'est Mark, mon **fiancé**. »

Jack est choqué au-delà de l'imagination.

Kathryn rit et dit : « Je voulais surprendre tout le monde avec cette nouvelle à ma fête d'anniversaire. Comment aimez-vous mon choix ? N'est-ce pas incroyable ? »

Jack n'a pas de mots. Son coeur est brisé en morceaux. Il ne dit rien à personne et quitte simplement la fête.

Cinq ans plus tard, Jack est un écrivain à succès. Rose a également trouvé un grand succès dans le domaine de l'art.

La prédiction se réalise. Jack et Rose vivent heureux ensemble dans un manoir à Londres.

---

## SUMMARY

Le week-end de Jack et Rose prend fin. Ils discutent des familles de l'autre et se remémorent les moments passés ensemble au cours des derniers jours. Rose réitère ses sentiments pour lui. Ils atteignent Florence et Jack part pour le Royaume-Uni pour assister à la fête d'anniversaire de Kathryn. Il se prépare à sortir son côté romantique et confesser son amour pour elle à la fête. Quand il arrive à la fête, il apprend que Kathryn est déjà fiancée à quelqu'un d'autre. Jack a le cœur brisé et quitte immédiatement la fête. Selon la prédiction de la diseuse de bonne aventure, Jack et Rose se marient et vivent ensemble heureux pour toujours.

---

## WORDS TO REMEMBER

-

1. **Amis** - Friends
2. **Collègues** - Colleagues
3. **Famille** - Family
4. **Mère** - Mother
5. **Père** - Father
6. **Frères et sœurs** - Siblings
7. **Sœur** - Sister
8. **Mari** - Husband
9. **Petit ami** - Boyfriend

10. **Frère** - Brother
11. **Épouse/femme** - Wife
12. **Enfants** - Children
13. **Parents** - Parents
14. **Copine** - Girlfriend
15. **Étrangers** - Strangers
16. **Fiancé** - Fiancé
17. **Grand-mère** - Grandmother
18. **Grand-père** - Grandfather

---

QUESTIONS

**1. Comment Jack et Rose voyagent-ils à Florence?**

- a. En taxi
- b. À pied
- c. En tram
- d. En train

**2. Combien de frères et sœurs Rose a-t-elle?**

- a. Deux sœurs
- b. Un frère
- c. Deux frères et une sœur
- d. Quatre sœurs et cinq frères

**3. Que fait Jack après être arrivé à Florence?**

- a. Il va voir un client
- b. Il sort avec Rose
- c. Il monte à bord du vol à destination du Royaume-Uni
- d. Il va travailler

**4. Qu'est-ce que Jack achète à Kathryn pour son anniversaire en plus des cadeaux?**

- a. Un gâteau à l'ananas
- b. Un livre de poésie
- c. Une voiture
- d. Une carte d'anniversaire

**5. Quelles nouvelles surprenantes Jack reçoit-il lorsqu'il arrive à la fête?**

- a. La fête a été annulée
- b. Rose est enceinte
- c. Kathryn est déjà fiancée à quelqu'un d'autre
- d. Kathryn est mariée

———

ANSWERS

1. **a.** En taxi
2. **b.** Un frère

3. **c.** Il monte à bord du vol à destination du Royaume-Uni
4. **d.** Une carte d'anniversaire
5. **c.** Kathryn est déjà fiancée à quelqu'un d'autre

---

ENGLISH TRANSLATION

Jack and Rose are in the room packing their bags. It is Sunday afternoon. Rose is upset; she doesn't want to go back home. Her friends and colleagues call her, but she doesn't answer the phone.

"This trip was a lot of fun. Thank you so much, Jack," she says.

"Oh, Miss Petite! Don't thank me. You made it fun." Jack remarks. "I hope this final journey takes place without any hurdles," he adds.

"I wish not," Rose says.

"What?!"

"Because that will give me more time to spend with you," she says.

Jack hugs her and says, "We will be in touch. You can call me anytime you like, Rose."

They exchange numbers after which Rose says, "I know you don't feel anything for me now, but I pray that day comes very soon when you will say that you love me too."

Jack smiles.

"Are we taking the same cab back?" asks Rose.

"The same cab or not I cannot say, but the same driver for sure."

"You said you have to go to the UK for a birthday party, what time is your flight from Florence?"

"I haven't booked one yet. I will take the earliest flight possible." Jack says.

"I am also planning to go and spend some time with my family in Switzerland," Rose says.

"My mother is very cross with me because I have been traveling a lot for work lately. I will spend some time with her and my father now."

"Do you have any siblings?" Rose asks.

"Yes. I have one elder sister and one younger sister. My elder sister is married. She lives with her husband in Australia. The younger one is busy painting the town red with her boyfriend." Jack says, smiling.

"Yours is a large family. I only have one elder brother and he is married too. He lives with his wife and children in Switzerland along with my parents, my grandmother, and my grandfather." says Rose. "When are you planning to propose to your girlfriend?" she adds.

"Propose! I haven't even told her yet that I love her. I am going to do that on her birthday." Jack says.

The cab arrives and the two of them leave for Florence. While chatting, teasing each other, and laughing along the way, they reach Florence in a few hours.

"We are finally in Florence! What a journey this was, from the Florence railway station to now!" Jack says.

"Absolutely! From strangers to friends and more! This was by far the best trip of my life!" Rose says.

"It was amazing indeed! Fun, laughter, adventure, and a lot of mishaps!"

"It was lovely getting to know you, Jack. I will forever cherish this time we spent together. As I told you earlier, I will continue to love you for the rest of my life. If you ever decide to break up with Kathryn, just give me a call," says Rose.

"You are a wonderful girl Rose, just a bit petite! You

will always hold a special place in my heart. Let's wait and see what the future has in store for us," Jack says and goes to the airport to board his flight to the United Kingdom.

He gets home and excitedly starts getting ready for Kathryn's birthday party that evening. He gets the gifts ready and buys a special birthday card for her. Holding a large, gorgeous bouquet of flowers in his hand, he arrives at Kathryn's birthday party. He spots the same man there that he had seen in Kathryn's display picture a few days ago. He decides to ask Kathryn about him.

"Hey, Kathryn! Happy birthday! Who is that man over there? I've not been introduced to him yet. I also saw him on your display picture a few days ago." Jack asks.

"Oh, I am so sorry Jack. Let me introduce you to him! It completely slipped out of my mind!" Kathryn says and calls the man over.

"I wanted to introduce you both to one another," she says to the man. "He is Jack, a very close friend of mine. And Jack, he is Mark, my fiancé."

Jack is shocked beyond imagination.

Kathryn laughs and says, "I wanted to surprise everyone with this news at my birthday party. How do you like my choice? Isn't it amazing?"

Jack has no words. His heart is shattered into pieces. He says nothing to anyone and just leaves the party.

Five years later, Jack is a very successful writer. Rose has also found great success in the field of art. The prediction comes true. Jack and Rose live together happily in a mansion in London.

# CONCLUSION

Congratulations! You have done it!

Reading and understanding a whole story comprising seventeen chapters and several phrases and dialogues in a new language is not easy. Thanks to your efforts, you now know what to say when you meet someone, how to discuss the weather and food, how to ask for directions, how to speak to the salesperson at a shopping mall, how to express your emotions, what to say when you fall in love with someone, and so much more. Through Jack and Rose's story, you have experienced many real-life situations in this new language. You might not have understood each and every word in the book, but what you have accomplished is commendable! You have managed to learn a new language on your own without the help of any teacher and outside of a classroom setting.

**Now what?**

Now, it's time to practice!

Pick out all those aspects of the book that you didn't understand completely and attempt to master them. Try interacting with a native speaker. Expose yourself to videos, movies, and articles in this new language and try to pick up as much as you can. Every effort you make will take you closer and closer to the ultimate goal of perfection and fluency. No one can learn a language in the space of a few weeks. Even native speakers who are fluent have mastered the language over many years. So, don't feel discouraged. It's normal to find this experience challenging at times, it's normal to forget a few words here and there, and it's normal to make mistakes. Every time you practice, you grow. This gradual growth will eventually take you up there to the pinnacle of success in your language learning journey. Don't give up and don't settle for the ordinary because the best things in life lie on the other side of hard work and patience.

**What's next?**

There are four books in this series - all packed with short stories and dialogs - that focus on everyday Spanish, ensuring that you learn the basics of the language.

Search for **Language Mastery** to find the rest of the books in the series, as well as dozens of other resources. To continue your language learning journey, simply add the book to your library. We have a book collection, which you can find on your favorite online bookstore or library, that outlines practical steps that you can take to keep learning any language. If you are ever lost or in need of new ideas or direction, we suggest you consult our book collection or just send us an email, we will be there to help you.

Your biggest fan,
*Language Mastery!*

## ALSO BY LANGUAGE MASTERY

### SPANISH TITLES

SPANISH 1. **Spanish Short Stories for Beginners:** *Over 100 Conversational Dialogues & Daily Used Phrases to Learn Spanish. Have Fun & Grow Your Vocabulary with Spanish Language Learning Lessons!*

SPANISH 2. **Conversational Spanish Dialogues:** *Over 100 Conversations and Short Stories to Learn the Spanish Language. Grow Your Vocabulary Whilst Having Fun with Daily Used Phrases and Language Learning Lessons!*

SPANISH 3. **Learn Spanish with Short Stories:** *Over 100 Dialogues & Daily Used Phrases to Learn Spanish in no Time. Language Learning Lessons for Beginners to Improve Your Vocabulary & Speak Spanish Like a Native!*

SPANISH BUNDLE. **Learn Spanish for Beginners:** *Over 300 Conversational Dialogues and Daily Used Phrases to Learn Spanish in no Time. Grow Your Vocabulary with Spanish Short Stories & Language Learning Lessons!*

### FRENCH TITLES

FRENCH 1. **French Short Stories for Beginners:** *Over 100 Conversational Dialogues & Daily Used Phrases to Learn French. Have Fun & Grow Your Vocabulary with French Language Learning Lessons!*

FRENCH 2. **Conversational French Dialogues:** *Over 100 Conversations and Short Stories to Learn the French Language. Grow Your Vocabulary Whilst Having Fun with Daily Used Phrases and Language Learning Lessons!*

FRENCH 3. **Learn French with Short Stories:** *Over 100 Dialogues & Daily Used Phrases to Learn French in no Time. Language Learning Lessons for Beginners to Improve Your Vocabulary & Speak French Like a Native!*

FRENCH BUNDLE. **Learn French for Beginners:** *Over 300 Conversational Dialogues and Daily Used Phrases to Learn French in no Time. Grow Your Vocabulary with French Short Stories & Language Learning Lessons!*

## ITALIAN TITLES

ITALIAN 1. **Italian Short Stories for Beginners:** *Over 100 Conversational Dialogues & Daily Used Phrases to Learn Italian. Have Fun & Grow Your Vocabulary with Italian Language Learning Lessons!*

ITALIAN 2. **Conversational Italian Dialogues:** *Over 100 Conversations and Short Stories to Learn the Italian Language. Grow Your Vocabulary Whilst Having Fun with Daily Used Phrases and Language Learning Lessons!*

ITALIAN 3. **Learn Italian with Short Stories:** *Over 100 Dialogues & Daily Used Phrases to Learn Italian in no Time. Language Learning Lessons for Beginners to Improve Your Vocabulary & Speak Italian Like a Native!*

ITALIAN BUNDLE. **Learn Italian for Beginners:** *Over 300 Conversational Dialogues and Daily Used Phrases to Learn Italian in no Time. Grow Your Vocabulary with Italian Short Stories & Language Learning Lessons!*

## GERMAN TITLES

GERMAN 1. **German Short Stories for Beginners:** *Over 100 Conversational Dialogues & Daily Used Phrases to Learn German. Have Fun & Grow Your Vocabulary with German Language Learning Lessons!*

GERMAN 2. **Conversational German Dialogues:** *Over 100 Conversations and Short Stories to Learn the German Language. Grow Your Vocabulary Whilst Having Fun with Daily Used Phrases and Language Learning Lessons!*

GERMAN 3. **Learn German with Short Stories:** *Over 100 Dialogues & Daily Used Phrases to Learn German in no Time. Language Learning Lessons for Beginners to Improve Your Vocabulary & Speak German Like a Native!*

GERMAN BUNDLE. **Learn German for Beginners:** *Over 300 Conversational Dialogues and Daily Used Phrases to Learn German in no Time. Grow Your Vocabulary with German Short Stories & Language Learning Lessons!*

www.ingramcontent.com/pod-product-compliance
Lightning Source LLC
Chambersburg PA
CBHW072006070526
44583CB00015B/1361